日本はアメリカの悲劇に学べ!

LGBTの語られざるリアル

JasonMorgan
ジェイソン・モーガン
MasakoGanaha
我那覇真子

ビジネス社

はじめに

ある日突然、あなたの娘さんが「僕は本当は男なんだ」とトランスジェンダーとしてカミングアウトしてきたらどうしますか？　そしてカウンセラーや医者に「あなたの息子さんは悩んで苦しい思いをしている。このままでは自殺してしまうかもしれない。死んだ娘と生きた息子のどちらがいいですか」と性自認の肯定や手術の同意を迫ってきたら。

世界ではこのイデオロギーに満ちた恐ろしい質問にたくさんの親子が騙され犠牲になっています。

本書は〝みんなが自分らしく〟〝ありのまま生きる〟〝性の多様性〟という一見、愛と優しさに溢れるLGBT運動の語られない現実を海外の惨状を取り上げながら、我が国のとりわけお父さんお母さん世代に伝える為に企画されました。

もし冒頭のようなことのターゲットになった家族が日本で出てきても現在助けてくれるところはありません。日本語の参考書籍もごく僅かです。この本がどうにかレスキューの糸口になって欲しいとの思いも強く込め、海外の活動団体についても本書で取り上げています。

海外を取材して回ることが多い私ですが、文化や歴史が異なる様々な国で今ＬＧＢＴ運動が一斉に繰り広げられているのがよく分かります。この運動は決して単なる性別の問題ではありません。あらゆる社会運動に共通していることですが、弱者と呼ばれる人々を利用した社会の分断、言論検閲のための運動、つまり文化革命そのものなのです。

本書をめくれば、メディアが何を皆さんに伝えていないのか驚かれることでしょう。そして異常な具合にこのイデオロギーが日本社会のみならず全世界に押し付けられている不自然さに気づかれるはずです。

この世には男と女の2つの性別があります。こんな当たり前の絶対的現実を否定することの意味とは何なのでしょうか。

米国では子どもを産むのは女性だけではないとして母親（mother）という言葉をなくし代わりに産む人（birthing person）という言葉を広めようとする動きがあります。私たちは言葉で考えます。ですから人の思考を操るには、言葉を先に制覇するのです。

ゲイのカップルが子供を持つ権利を叫び代理母を雇います。命をかけて出産した女性は正に産む機械、赤ん坊に触れることも許されません。そして病院のベッドに入ったゲイカップルが赤ん坊を抱きかかえ新しい命の誕生に涙する。この写真入りのニュースを見たときに人間の欲のおぞましさを感じました。

これら一連の出来事は文明社会の破壊であり宗教の否定であり人間性の否定です。このLGBTイデオロギーも一部をなすその問題をより大きな枠組みで捉えたならば「グローバル全体主義」が起こっていると見なければなりません。

歴史上の全体主義社会、例えばソ連を思い起こせば人々は人間性を否定され、個人としてみなされず家畜同然の扱いを受けていました。ジョージ・オーウェルの『動物農場』は現代の私達への警告です。どうしてあの様な社会が誕生できたのかと他人事の様に思えば同じ道を歩むことになってしまいます。

LGBTイデオロギーの悪質さは苦しむ当事者を社会破壊の道具として利用するところにあると言えます。もちろん本書はこれらの人々を否定するのが目的ではありません。自分の心が悪用されていることに気づいてほしいのです。日本社会は苦しむ人々を更に追い込むような悪魔的社会ではなく寛容な社会です。

本書で詳しく紹介するウォルト・ヘイヤーさんは本当に向き合う必要のあった心のトラ

ウマに気づき性転換手術を後悔し、脱トランスしました。一度は離婚も経験しますが、自分の人生を理解してくれる女性に出会い、二人は今この巨大なイデオロギーから人々を助ける社会運動を行なっています。この世に生を受けたありのままの自分「あなたはそのままで素晴らしい」という言葉が彼をインタビューした時一番心に残りました。

誰の人生にも辛い苦しい時はあります。このＬＧＢＴ問題に当事者として向き合い明るい出口を世に示す人々は当事者以外の全ての人に人生のヒントを与えてくれます。人は幸せになるために生まれてきたのです。

今回は私にとって初めての対談本で誠に光栄ながら、日頃尊敬し学ばせて頂いている麗澤大学准教授ジェイソン・モーガン先生と一緒に出版させて頂くことになりました。モーガン先生は大の親日家で、戦う心を忘れた現代日本男児に青い眼のサムライとして叱咤激励されます。

「日本の保守系日米同盟の讃美歌を合唱するジャパン保守シナーズ（罪人たち）に対して聞きたい。あなたたちは男として恥ずかしくないんですか？　ずっと原爆投下した国に自分の国の国民の命を委託している。日本人ではなく男として恥ずかしくないですか？　自分の国を自分で守りたいと思わないのですか」

読者の皆様、是非ともに世界の愛国者と和を結び日本を守って参りましょう。

末尾になりますが、対談に立ち会い、編集作業にご尽力くださった株式会社ビジネス社中澤直樹様、ライターの今井順子様に深く感謝申し上げます。

2023年10月

我那覇真子

LGBTの語られざるリアル

目次

第2章　真の狙いは文明の破壊

第3章　日本でも始まった恐ろしい出来事

第4章 グローバリストに利用される人たち

第5章　トランスジェンダーは伝染する

第1章

女の子が男の子に変えられる子供の悲劇

✿ 洗脳によりトランスジェンダーにさせられる子供たち

我那覇　さてまずはじめに、ＬＧＢＴ「先進国」アメリカの現状を知っていただくため、私がインタビューした方のお話を紹介したいと思います。

モーガン　お願いします。

我那覇　ＬＧＢＴ問題は、カリフォルニア州が一番過激な路線を走っています。だからカリフォルニア州は、子供を守るための親たちの活動が盛んなところでもあります。なかでも活発な団体の一つ「Our Duty（私たちの責務）」の代表の一人であるエリン・フライデーさんに伺ったことです。

彼女の娘さんはコロナ禍前、11歳のときに学校で1時間、性教育の授業を受けたそうです。そこでＬＧＢＴにまつわるイデオロギー的な用語などを、先生たちから教えられたのです。

その後、コロナ禍によって通学できなくなり、オンラインで授業を受ける時間がかなり増えます。さらにネットで知り合った人たちにかなり洗脳され、自分を男だと思うようになってしまったのです。

お母さんがそのことに気づいたのは、学校からのメールを見たときです。娘なのに名前が男名になっていた。代名詞も「ｓｈｅ」ではなく「ｈｅ」になっている。そこで娘の身に起きていることに気づくのです。

モーガン　女の子なのに男の子扱いされているのですね。

我那覇　エリンさんによると思春期の子供はいろいろな悩みを抱えるので、自我を確立するまで不安定になることもある。それが子供が自分の性別を倒錯する、根本の問題だそうです。そこで学校のカウンセリングを受けさせるのですが、母親が娘を「息子」と認めないのは虐待だと言われてしまう。さらには、家に警察と児童相談所の担当者までが来ることになるのです。

幸いに、エリンさんは弁護士でもあり、こういうときの反撃法がわかっていたので、何とか娘を守ることができました。しかし、同様のことが起きた別の家庭では娘さんが自殺してしまったケースもあるといいます。

エリンさんは現在、トランスジェンダーから元の性に戻るために再手術した人たちのケアなどもしています。彼女によると、20年前はトランスジェンダーの子供なんて聞いたことがなかった。それがこの20年で症例が５０００％も増えていると。あたかも感染症みたいに、どんどん広がっているそうです。

モーガン　症例が、加速度的に増えている。精神的な感染症もあるのですね。

我那覇　これは学校の影響が大きいです。たとえば自分の性に違和感を持ったり、女の子用の服が好きな男の子を「女の子が好むものを好きな男の子」という形で扱うのではなく、「あなたは、じつは女の子じゃないの？」という方向に誘導するのです。

そして親に黙ってＬＧＢＴの団体に連れていき、「あなたの居場所はここよ。私たちはあなたと同じ気持ちを持っています。みんなでグループカウンセリングをしながら、本当の自分になりましょう」「認めない親はあなたの敵です。あなたの本当の家族はここにいます。私たちは新しい家族になりましょう」などと言って、どんどん洗脳していくのです。

モーガン　親が知らないうちに洗脳が進んでいくのですか、怖ろしい。

我那覇　そこには医者もいて「手術をすれば、すべての悩みは消えます」と言って、まずは思春期ブロッカーという二次性徴を抑制する薬を投与します。本来は思春期になって二次性徴が起こると生殖器系が発達し、女の子なら子供を産むための丸みを帯びた体になっていき、男の子なら筋肉質になったり骨格が頑丈になるなど、たくましい体になってい きます。それを薬によって止めてしまうのです。

この処方は不可逆的なもので、長期的影響の研究は十分になされてはおらず、また骨密度や脳の発達に悪影響を及ぼすことが指摘されています。思春期ブロッカーは正式名称を「ＧｎＲＨアゴニスト」と言いますが、実はアメリカのＦＤＡ＝食品医薬品局では性別違和への投与は承認をされておらず、つまり〝実験的〟なのです。ところが「やめたければ投与をストップするだけで、元どおりになるから大丈夫」と嘘をついて投与するのです。

医者はまず思春期ブロッカーを投与し、それから男の子なら女性ホルモン、女の子なら男性ホルモンを投与します。挙げ句の果てに、男性器や乳房の切除手術を行ったりもするのです。

モーガン　そこまで来たら本当に取り返しがつきません。残酷すぎます。

我那覇　エリンさんによると娘さんはコロナ禍で通学しなくなったとき、オンラインでアニメを見る機会が増えたそうです。海外に行くと、よく「アニメは大丈夫か？」とアニメを敵視する声を聞きます。このことを私は不思議に思っていましたが、じつはアニメは、この闇に深く関わっているのです。

アニメは絵ですから、ものすごくウエストの細い女の子など、現実にあり得ない体をいくらでも描けます。思春期で体が女性的になったり男性的になったりするときに、現実とかけ離れたアニメの絵を見て自分の体型にコンプレックスを抱く。自分の体だけでなく、自分自身まで嫌いになるといったケースもあるのです。

そうして自分を否定するようになった子供に、ＬＧＢＴ活動家が「あなたは本当は男性なのよ」「本当は女性なのよ」などと言って近づく。変態的なアニメを送ってくることもあるそうです。

モーガン　誰が送るのですか。

我那覇　友達やＬＧＢＴの活動家です。「お母さんは敵。わかってくれないけれど、私たちは同じ気持ちだから」などと言う人が、性的に卑猥なアニメを送ってくるのだそうです。

✿「私の娘はジェンダーイデオロギーによって殺された」

我那覇　もう一つ子供たちに悪影響を与える存在として、インフルエンサーと呼ばれる人たちがいます。カーダシアン家の一員で、オリンピックの金メダリストでもあるケイトリン・ジェンナーもその一人です。

モーガン　〝お騒がせセレブ〟で知られる一族ですね。

我那覇　彼は突然「自分は女性だ」と言いだし、女性の格好をしだしました。彼の発言はマスコミで取り上げられることも少なくありません。発言内容は保守的なところもありますが、トランスジェンダーとして振る舞う姿は子供たちにとって害悪です。

モーガン　彼は資本主義の権化で、ドナルド・トランプ前大統領のことを支持しています。でも彼の発言は明らかに矛盾していて「私の役割は過剰なトランスジェンダーを批判することです」などと言いつつ、長い髪のかつらを被って女装している。

我那覇　このようなインフルエンサーが「勇気を持って本当の性になった自分」といったキャラクターを演じる。インパクトがあることは確かで、彼はカリフォルニア州知事選挙にも出馬宣言していました。

モーガン　でも結局、諦めたみたいですね。よく考えると、そういう目立ちたい人は、女装したり、選挙に出馬したり、常にカメラの前に居たりしたいようです。トランスジェンダーというのは、一種の「注目されたい」タイプでしょうか。

我那覇　はい。そうした人たちの影響を受けて、エリンさんの娘さんは、学校では名前や代名詞を変えられ、挙げ句の果てに、警察や児童相談所の担当者が親に通告に来たのです。その後エリンさんは、娘からスマホを取り上げ、ネット環境から隔離して旅に出たそうです。

仕事も辞めて、1年以上自然を見に行ったりするなどして、現実離れしてしまった娘を、現実の世界に戻そうとした。それでどうにか助かったのです。

モーガン　そこまでやって、ようやく娘さんを助けることができた。本当によかったですね。

我那覇　さて、もう一人ご紹介したいのが、アビゲイル・マルティネスさんというお母さんです。娘さんがトランスジェンダーとなり、最後は電車に飛び込んで自殺するまでに追い込まれてしまいました。

エリンさん同様彼女は『ジェンダー・トランスフォーメーション：性別移行の語られざる現実』というドキュメンタリー番組（大紀元製作）にも登場しています。子供がどのように勧誘され、どのような大変な目にあったか。それによって母親がいかに苦しんだかを描いたものです。

カリフォルニア州上院司法委員会の公聴会でも2分にわたって証言をしているのですが、その翻訳を紹介します。

「娘のジェイリを亡くして3年と164日が経ちました。毎日娘を恋しく思っています。どのようにして娘がこの世を去ったのか、お話しします。

私の娘はジェンダーイデオロギーによって殺されました。16歳のときに児童保護サービス（児童相談所）に連れて行かれました。これはスクールカウンセラーとLGBTQ団体、そして別のトランスジェンダーの女の子の共謀によるものです。

娘の性自認を認めなかったことをもって、カリフォルニア州は私が児童虐待をしていると主張し、娘は自分の愛する家から引き離されたのです。名前と代名詞を変えられ、私は娘を失いました。しかし私が彼女を男性の名で呼ぶことを約束しても、それだけでは十分ではありませんでした。

私の娘は、けっして女の体に縛られた男の子ではありません。彼女は精神的な問題を抱えていたのです。私の意思に反して、娘はセラピーの代わりにテストステロンを投与されました。LGBTQ団体は彼女を資金集めに利用したのです。彼らはこう言いました。『見てください、このかわいそうなトランスの男の子を』

なぜ児童擁護施設には、トランスジェンダーがたくさんいるのでしょうか。それは政府が家族から子供たちを取り上げるからです。子供たちに家出をそそのかし、子供をさらっていくのです。親に与えられる選択肢はただ一つ、薬剤治療を認めて健康的な子供の体の該当部分を切断すること。そうしなければ子供を失うのです。

私に対する児童虐待の主張は最終的に取り下げられましたが、時すでに遅しでした。ダメージはすでに施されてしまっていました。娘はひどい精神状態に陥り、肉体的にも痛みで苦しんでいました。娘は電車の前で跪きました。ジェンダーイデオロギーに殺されたのです。

お願いです。ジェンダーイデオロギーを押しつけるのはやめてください。他の親が私が毎日感じていることを感じてほしくないのです。ジェンダー倒錯の肯定は、どんな子供にとっても健康、社会福祉によくありません」

❀子供の性自認を認めない親は親権が剝奪される

我那覇　この証言は、カリフォルニア州で実際に通過しようとしている法律に反対する立場からなされたものです。その法律とは家族法の親の義務に関するもので、親に対して子供の性自認を認めることを義務化しようとしているのです。

モーガン　息子が「自分は女だ」と言ったとき、親は必ず認めなければならないということですね。認めなければ連れ去られてしまう。カリフォルニア州知事のギャヴィン・ニューサムが、その法律の制定を拒否して、土壇場で法律が成立しなかったので助かりましたが、それは多分、ニューサムが大統領になりたいからもう少し中立に見えるような振舞いがしたかったこともあるでしょう。しかし、カリフォルニア州の極左の政治家がこれで諦めず、より一層激しい取り組みに変わるに違いないので、今危機一髪で危険を免られましたが、今度はもっとひどい法案が出て、それが実際に法律になるでしょう。

アメリカ合衆国司法省のトップである、メリック・ガーランドアメリカ合衆国司法長官は、バージニア州で教育委員会などが推している極左の「教育」に反対する両親を「国内テロリスト」として指名するように指示しました。このことを考えると、アメリカの自称エリートが全面的に両親・子供の絆を壊そうとしていることがわかります。その勢いは和らぐことがなく、これからますますエスカレートするだけです。

我那覇　具体的に考えられるケースとして、たとえば両親の離婚に際し、親権争いが生じたときです。子供が「自分はトランスジェンダーである」と言った場合、一方がその性自認を認めると言えば親権を取れるのです。逆に認めないと言えば、親の義務を果たしていないとして親権を奪われてしまう。マルティネスさんたちはこれをストップさせようとしているのです。

モーガン　やはり、ニューサムの政治パフォーマンスはカリフォルニア州のジェンダーの行き過ぎにブレーキをかけられないですね。実際カリフォルニア州におけるＬＧＢＴ問題は、どんどん過激化しています。

我那覇　カリフォルニア州には〝トランスジェンダー難民法〟と呼ばれる怖ろしい法律もあります。アメリカの州には子供の性自認による医療介入を認めていないところもあります。そういう州の子供や家族がやってきた場合、「子供の性自認を認め、保護します」というわけです。カリフォルニア州はトランスジェンダーのサンクチュアリ（聖域）になるというわけで、要は家出を唆しているのです。あるいは精神的におかしな親で自分の子供を積極的にトランスにしようとする親を匿い援助するということも意味します。

立案したスコット・ウィナーカリフォルニア州上院議員自身はゲイで子供はいません。ですから法案に反対した親たちからは、人の親になったこともない人間に親権に関わる重要な事柄を一方的に決める資格はないと非難されています。法案の共同提案者には前述の中絶ビジネスで有名な全米家族計画連盟も加わっています。公式サイトにはトランスジェンダーホルモンセラピーサービスとして思春期ブロッカー、エストロゲン、テストステロンホルモン治療も提供していると書かれています。ＬＧＢＴ問題の裏にある巨大な産業の存在を公にしていかなければなりません。

モーガン　それを州という公的機関がやるのだから、とんでもないことです。

我那覇　ではやって来た子供たちがどうなるかというと、自活できる経済力がないのでホームレスになる可能性が高い。挙げ句、性産業に引っ張られ、小児性愛者たちに買われることになるのです。これはすでに起きていることです。

モーガン　確かに人身売買はアメリカで盛んになっています。とくにメキシコやハイチ、中央アメリカ、ベネズエラなどから、いろいろな組織が入ってきています。

現地でレイプされて逃げてきた女性もいて、やっとの思いでアメリカに辿り着くと、今度はマフィアやギャングに捕まって売春婦にさせられる。あるいはギャングのリーダーの持ち物になる。人身売買されることもあり、もう地獄です。そこに今度は、子供たちまで巻き込まれようとしているのです。

あと、もう一つの人身売買制度としては、ＬＧＢＴイデオロギーがあります。それは、ギャングがやっていることと同じく、子供を親から奪うことです。まずは「私たちはあなたの本当の家族です」などと甘いことを言って、子供を親から奪い取る。それは、「自殺防止」など子供のためだと綺麗事は言うけど、結局全てがイデオロギー、つまりカルトのためです。家族、親戚のようなケアを一切しないのです。

奪われて完全に孤立化した彼女、彼らがホームレスになっても、ＬＧＢＴ活動家たちは探しに行ったりしません。その子がどんな目にあっても関与しない。これがカリフォルニア州で起きていることで、カリフォルニア州の政治家がそれを促しているというのは、ひどいという以上に、怖ろしいです。明らかに子供を性産業のターゲットにしています。

我那覇　医者も手術を終えたあとの経過観察をしません。ふつうなら患者が術後何年目にどうなっているかを調査しますが、それをやらないのです。手術はけっこうなお金になるので、悪徳な医者の金儲けの手段になっている面もあると、先ほどのエリンさんは言っていました。

あるときエリンさんは試しに「私は15歳ですけど、ホルモン治療がしたいです」と、某クリニックに問い合わせをしたことがあるそうです。すると「18歳以上しかホルモン投与はできません」という返事が来た。
ところが後日「いいニュースがあります」と製薬会社からメールが来て、「ニューヨーク州では15歳でもホルモン治療ができます」と。

モーガン　完全にビジネスになっていますね。世も末です。

ナチスとアンティファと医者は同類

我那覇　エリンさんによると、製薬会社が子供をカモ扱いしているのです。そして彼女曰く「もし私が本当に苦しんでいる15歳だったら、行ってしまうだろう」と。

モーガン　いまのは製薬会社のケースですが、これが医者なら20分ほど相談しただけで「あなたはホルモン治療が必要です」となる場合もあると「脱トランス」の人々が言っています。そして1年も経たないうちに「やはり手術が必要です」と言われ、ペニスや乳房を切除する。そうした手術についても親は何も言えないのです。親が知らない場合もあります。

我那覇　同意書も不要ですから。

モーガン　もし親が否定すれば、児童虐待にされてしまう。本当に虐待しているのは医者なのに。

これをやめさせようとしているのが、フロリダ州のロン・デサンティス知事です。2024年のアメリカ大統領選挙で共和党から立候補もしていて、もし大統領になったら、それを全国で行うと言っています。

ただ現実には、共和党が勝つかどうかは未知数です。あと、デサンティスは、フロリダ州で色々と政策を進めているが、連邦政府は別問題で、彼がそのレベルで戦えるか疑問を持っています。それから、選挙不正が盛んになっている今、共和党が「選挙」で勝利するはずがない。逆に民主党が勝てば、その連中が急いでトランスジェンダーイデオロギーを更に推して、全国でカリフォルニア州のようなことが行われる可能性が高いです。この問題はアメリカでさらに深刻になっていくと思います。自殺も含めて。アメリカでは非常に冷酷な、人間を対象にする科学実験が行われていて、国民の反対があるからこそ連邦政府が、昔のナチス党と全く同じく、それをもっと強いているのです。

我那覇　実際マルティネスさんの娘さんは、電車に身投げしました。マルティネスさんはエリンさんたちと一緒に、このような不幸をストップさせる運動をしています。活動の様子の動画もアップしていますが、見るとアンティファの人たちが映っていました。

モーガン　アンティファが妨害に来たのですね。

我那覇　彼らはアンチ・ファシスト、つまり「反ファシスト」という名の極左のテロリスト団体です。エリンさんたちが活動する場に現れて、「トランスの権利を守れ！」と叫んだり、マルティネスさんが娘さんの悲劇を訴えているときに「もっと泣け！」などと嘲笑していました。この映像を見て、人間として本当に許せないと思いました。

モーガン　ナチスが台頭したときも、「我々は法律を守っています」などと神妙なふりをして、実際は暴力行為を働いていました。アンティファも自分たちと反対意見の人に平気で暴力をふるうなど、ナチスとほぼ変わりません。あと、ナチス党と同じく、アメリカでも自称エリートがその暴力団を全面的にサポートしているのです。

一方で医者も「我々は最適な治療を施しています」などと言っていますが、拳銃に例えれば実際に引き金を引くのが医者です。アンティファは発射口にすぎない。つまり本当の暴力行為をしているのは医者です。病気でもないのに、ただお金が欲しいからメスを振るう。ナチス党も、まず医者からジェノサイドを始めさせたのです。今のアメリカの自称エリートと彼らのイデオロギーや目的は、ナチスとどう違うかわかりません。

❀ 子供がトランスジェンダーになるのを喜ぶ親たち

我那覇　医者の話でいうと、世界トランスジェンダー・ヘルス専門家協会（WPATH）という全国的な組織があります。ここで専門家が集まり、トランスジェンダーの人たちに対する治療のガイドラインを策定しています。法的拘束力はありませんが、これを参考にしている医者も多く、ガイドラインを見て「手術をする時期はいつが適当か」「何歳から行ってもいいか」などを決めるのです。

しかし、このガイドラインは極めて非科学的です。現在第8版が出ていますが、このバージョンから治療や手術における最低年齢制限が撤廃されているのです。たとえば男性が女性になりたいと思ったとき下半身を手術して女性器まがいのものをつくるのですが、その手術を行う年齢に制限がないのです。実際に手術を行っている医師に対して意識調査インタビューでは、驚くべき実態が明らかになりました。手術の年齢に関して「18歳以下に手術をすると決めたのは、大学に進学したら忙しくて、手術後のケアのためのスケジュールをこなすことが難しいから」という医師の発言が出てきたのです。

モーガン　大学進学と手術に、どんな関係があるのですか？

我那覇　手術で女性器まがいのものをつくるのは、体にとっては傷と同じです。だから体は開けた穴を閉じようとするそうです。そこで閉じさせないため定期的に医者に通わなければならない。

大学に入ると生活環境も変わり、忙しくなるので通院が難しくなる。忙しくなる前にやるべきという、とんでもない理屈です。この意見は調査の中の複数の医師に共通で、年齢よりも患者の生活環境の方が重要だと述べられています。そして最適な時期は16歳、17歳だと。専門家が集まって、いったい何を考えているのかと、叫びたくなります。

モーガン　考えるべき方向性が、尋常な人間のすることと、まったく違いますね。アメリカのテレビ番組で、手術でトランスジェンダーになったと名乗る人たちの日常を紹介するものがあります。その一人が「ジャズ」という男の人で、手術を受けてペニスが切除されたのです。その番組では母親も一緒に出演して子供の様子を語ったりするのですが、ジャズの母親ジェネットはこんなことを言っていました。

我那覇さんが言われたように、まがいものの女性器は体にとって傷なので、体は穴を塞ごうとします。これを防ぐために毎日、穴に棒を入れなければならない。これを「ウチの子は嫌がっている」と母親が嘆くのです。

子供が「今日はやりたくない」と拒むと、「やれ！」と母親が強要する。「もし彼女がちゃんと棒を入れないでそしてその穴が塞がれてしまったら、彼女の首を絞める」とジェネットが平然と言っているのです。そして「私はトランスジェンダーの子供を助けようとしているのです」と真顔で言うのです。保守系の人がこれを見たら、母親を鬼畜ではないかと思うでしょう。「子供を虐待している」と批判している視聴者も山ほどいるのですが、もちろん、彼女は逮捕されないのです。

「やりたくない」という子供に「やれ！」と迫る。本当に吐き気がしました。この子の体がどうなっているのか心配です。母親も「子供のために」と心を鬼にしてやっているのか、あるいはサイコパスなのか……。

我那覇　たぶんサイコパスのほうでしょう。

モーガン　その可能性が高いです。しかしそうだと認めたら、こういうサイコパスをスルーしているアメリカの社会はどうなるでしょうか。こうした話を踏まえて、いま「アメリカの親がおかしい」というテーマで、エッセイを書こうと思っているところです。

我那覇　子供がトランスジェンダーであることを喜ぶ親を私も動画で見たことがありま

す。「うちの子供が今日からホルモン注射を打つことになった。おめでとう!」などとネットにアップしていました。

モーガン　切断する日にペニスの形をしたケーキを用意して、友達を呼んでパーティを開く母親もいます。「今日、この物から自由になります!」などと言って、子供がケーキを切る。それをみんなで「おめでとう!」と祝うのです。ホラー映画よりも怖いシーンです。リベラルなアメリカ人はどれだけ気が狂っているのか。

そんなアメリカとの日米同盟を大事だと言う政治家がいる。アメリカのこうした番組を見てほしいです。

我那覇　そしてLGBT法案が通過した日本でも、これから親御さんたちは、細心の注意を払わねばなりません。LGBTの活動家がよく使う脅し文句に備えないといけない。「あなたの子供はトランスジェンダーとして悩んでいます。悩みすぎて自殺願望がありま す。あなたは、死んだ娘と生きている(トランスの)息子のどちらがいいですか」

モーガン　そう。必ずこれは言います。

我那覇　共通した脅し文句が構築されているのです。一方、洗脳された子供たちが使う共通の言葉もあります。女の子なら「私は女の子の体に縛りつけられた男の子です」。これも決まったフレーズで、やはりみんな同じように使います。日本でも、こんなことを言う子供が出てきたら注意が必要です。

モーガン　まずは自殺を示唆するのです。「あなたのお子さんは自殺願望があります。どうしますか」。カウンセラーにそう言われれば、親としては「わかりました。何でもします」と言います。弱いところにつけこんでくるのです。

我那覇　実際には「自分はトランスジェンダー」だと思っている人が手術をすると、手術をしない人より自殺率が高いのです。でも、こうした真実のデータは隠されています。そして「手術をすれば、すべての悩みが消えます」と言うのです。この言葉を鵜呑みにして、後悔している人はたくさんいます。

❁「医学的に性別は変えられる」と真顔で答えるLGBT活動家

我那覇　もう一つ、アメリカの若手ジャーナリストが行ったインタビューもご紹介します。サバンナ・ヘルナンデスという、体当たり取材で知られる方です。

モーガン　名前を聞いたことがあります。

我那覇　スイスで行われたダボス会議（世界経済フォーラム）の取材の際に知り合った方で、とてもユーモアが効いて面白い人です。

アメリカの医師会が数年前、「赤ちゃんの出生証明から性別を削除したほうがいい」と発表しました。これについて彼女が、ＬＧＢＴのパレードに参加している人たちに「どう思いますか？」とインタビューしたのです。そのときの回答が以下のようなものです。

「道理に適っていると感じます。性別の明記はあまり意味がない、関係ないと思います。私の子供が女性として育ちたいなら、それで構いません。信じられないかもしれませんが帽子を脱げば私は男に見えます」

こう答えた人物は、映像を見るとふつうの女性です。でも「私もトランスジェンダー」「私は男」とアピールしていました。

また「私は女性の体に閉じ込められた男性」とも言っていました。「私の子供の出生証明書に性別が明記される必要がないとすれば素晴しいことです。『頑張れ』『突き進め』と言います。どの病院に行きたい？　と子供に聞きます」と。

学校教育で自我を歪められ、「性別は男と女に分かれる」という当たり前のことを学ばなければ、人はどこまでもおかしくなるのです。

もう一人、ご紹介します。やはり同様の回答をしています。

「必ずしも悪いアイデアではないと思います。赤ちゃんは、結局は赤ちゃんです。出生証明で女性、男性という用語でくくられてしまうと、害になる可能性があると思います。性別とは曖昧な境界で、子供たちにもっと代名詞について教え、自分たちで選ばせればよいと思います」。

「3、4歳になるまで、自分の名前もよく理解していないですよね。理解できないコンセプトを子供に割り当てるのは変だと思います。生まれたときに性別を割り当てられるのは医学的には理解できます。でも最終的に本人が変更したいなら変更できるし、医学的にも変えられると思います」

もはや、まともな人間の答えとは思えません。非常に衝撃を受けました。

モーガン　いまの回答には、おかしなポイントがたくさんあります。なかでも「医学的に性別は変えられる」は完全に嘘です。性染色体レベルで見れば、変えることはできないのは明白です。男性の性染色体はXY、女性はXXです。どんな方法を使っても生まれながらの遺伝子を変えることはできません。

ペニスを切断しても、男性の細胞には必ずY染色体が存在しています。どれだけ体をいじろうと細胞が覚えています。「医学的に変えられる」は非科学的な思想で、ファンタジーです。専門家がそれを言っていたら、それは専門家失格です。

我那覇　私もこのインタビュー映像を見たとき、絶句しました。逆に言えば、「そこまで自己を否定するほどの人生を、この人は歩んでいるのか」と、哀れみに近いものを感じました。

のちほど詳しく話しますが、トランスジェンダーから脱したウォルト・ヘイヤーさんという方がいて、彼はこういう人たちに会ったとき、「あなたは男なの？　女なの？」という議論ではなく、「あなたはどうして自分のことが嫌いなの？」「何があったの？」といった聞き方をすべきとおっしゃっています。トランスジェンダーの人の根本には、自己否定があるからです。

モーガン　加えて心理学でいう「同調」もあると思います。人はいかに周囲に同調しやすいかを示した、ソロモン・アッシュの有名な実験があります。

一方には1本の棒、もう一方には3本の棒を描いた図を被験者に見せます。3本の棒はそれぞれ長さが違い、もう一方に描かれた棒と同じ長さの棒を選んでもらうのです。被験者の周りには、7人ほどのサクラを仕込んでおき、わざと違う長さの棒を選んでもらうようにします。

すると被験者は、明らかに長さが違うのに、周囲の人たちと同じ長さの棒を選んでしまうのです。間違いとわかっていても、周囲に同調して違う答えを言う。そんな心理メカニズムが人間には存在するのです。

反対意見を認めない同調のメカニズム

モーガン　これは私がアメリカの大学院で歴史を学んでいるときに体験したことでもあります。教授陣のなかに、教材に書かれている内容と明らかに異なることを教える先生がいたのです。これに対し、学生たちはみんな、その先生の教えに同調して、先生の言うことが真実であると捉えて、発言していました。
ただ一人、私が「でも教材にはこう書いてあります」と反論すると、「モーガンはおかしい」などと、その先生や他の学生たちが私を責めるのです。反論する一人が危ない、という、まさに「群れ発想」ですね。何があっても、群れが正しくて、群れと一緒に敢えて走らない1匹の狼が危ないということです。

しかも、「歴史は存在しない」と主張する大学院の教授もいました。「歴史とは人間がつくるもので、劇場みたいなものです。我々が舞台に出てもらいたいと考える人物を出すのが、歴史なんです」と。私はそれに反論しましたが、私の方が「反動的」な存在と思われてしまって、「現実は我々人間のマインド以外に独立に存在しますよ」という私の方がおかしいと思われました。

我那覇　それは、「史実に基づいて現代社会を考えなくともよい」というようなことですか。

モーガン　そうです。「世の中がこうだ、と断言するのはファシズムだ」と言っていましたね。繰り返しになって恐縮ですが、名門大学大学院の教授です。もちろん極左ですね。アメリカの大学に憧れている日本人がいまだにいると知って、呆れてしまいます。

我那覇　そんなことを言う人もいるのですね。レトリックにもなっていない気がします。

モーガン　それを、その先生が堂々と言うのです。私が「でも、当事者は目撃したと言っています」と述べると、「それはその人が想像してつくりだしたもので、史実ではない」と。都合の悪いことは、先生にとってはすべて妄想になってしまう。そんなファンタジーを語るなら、自分の部屋に引きこもっていればいい。大学で学ぶ意味はありません。

我那覇　大学が危険な場所になっているのですね。

モーガン　ここからも同調のメカニズムが存在することがわかります。その先生が自分の指導したい方向に誘導すると、学生たちはそのあとについていく。私だけが「違う」と言うので、私は他の学生たちから悪口ばかり言われていました。

これは大学に限った話ではありません。政党の言いなり、医者の言いなりになるのもそうです。医者が「男でも女になれます」と言えば、「そうですね」と賛成してしまう。とくに権威のある人の言うことに従う人は多いです。

そのために彼らがよくやるのが、まず個々人を孤独にさせることです。孤独にさせて、他人からアドバイスを貰えないようにしてしまう。そして一人で考え続けると、わけが分からなくなるのです。

我那覇　「反対意見を言えない」というより、反対意見を思いつかなくなる。言われたことを信じ込み、「おかしい」と思わなくなるのですか。

モーガン　そうです。先日、私の知り合い4、5人が、アメリカ中西部の大都市・シカゴ市内の広場で「子供を守りましょう」と書いたプラカードを持って立っていました。べつにＬＧＢＴを否定しているわけではなかった。それでも通りかかった女性が、「お前たちはファシストだ」などと言って、手に持っていたスプレーをいきなり、知り合いたちの目に向けて噴射したのです。

明らかに犯罪ですが、自分と違う意見の人がわずか４、５人いるだけで許せない。アメリカは今、そんなむちゃくちゃな社会になっているのです。

第2章

真の狙いは文明の破壊

❀「人間の体はただの物」と言い出したLGBTの人たち

モーガン　さて、日本でも性的マイノリティへの理解を広めるための「LGBT理解増進法（以下、LGBT法）」が2023年6月に成立しました。これについて困惑する声が、すでにあちこちで上がっています。

LGBT法は、性的マイノリティに対する理解を広めるための施策の推進に関する基本理念を定めたもので、具体的内容には触れていません。ただ同法の成立により、見た目は男性なのに、「自分は女性」と称する人が、女性トイレや女湯に入ってくることも考えられます。そこに不安や恐怖を感じている女性も少なくありません。

しかもLGBTをめぐる問題は「LGBTの人たちの権利をどこまで認めるべきか」といった表面的な話にとどまりません。「人間はどうあるべきか」という根源的な問題を含むものでもあります。

人間は尊重されるべき存在です。これは肉体にも通じる話で、自分で体を勝手に切ったり加えたりしてよいものではありません。「人の体は神様から授かったもの」とはキリスト教の基本的な考えでもあります。

ＬＧＢＴの人たちの存在感が増す中で、大きく揺らぎだしているのが教会です。そこでキリスト教とＬＧＢＴとの関係、ＬＧＢＴの存在を教会はなぜ見逃してきたのかについて、議論したいと思います。

我那覇　ＬＧＢＴはよく知られるように「レズビアン」「ゲイ」「バイセクシャル」「トランスジェンダー」の頭文字をつなげたものです。レズビアンは女性の同性愛者、ゲイは男性の同性愛者、バイセクシャルは両性愛者、トランスジェンダーは一般的に体の性と心の性が一致しないと感じる人々を指します。いま言われたＬＧＢＴにまつわる問題は、とくにトランスジェンダーに関するものですね。

モーガン　そうです。男性が「自分は女だ」と言いだしたり、女性が「自分は男だ」と言いだす。言うだけでなく、実際にその体に近づくために外科的手術をしたり、ホルモン注射をする。

こうした人たちに対し、教会は「それは間違っている」「人間はこうあるべき」と答えを示す必要があります。ところが、それができずにいる。「まさか、こんな人たちが出てくるなんて」と、ただ困惑している感じです。

1970年代の終わりのころに当時のヨハネ・パウロ2世（のち聖人）が「体という存在は、ただの物ではない」と発言しました。聖なるものであり、そこには、机や鉛筆などとは違う大きな意味が存在していると。人間の体は、神様が特別に創造したものだから、ある意味で神様の存在も表す、特別な存在です。これがいま起きているセクシャル・レボリューション（性の革命）やLGBTに対する発言です。

1968年にパウロ6世が避妊に関する教えを発表しましたが、ヨハネ・パウロ2世の教えは、哲学的に非常に深くて、教会がやっと全面的にセクシャル・レボリューションに立ち向かって戦っている感じがしました。

我那覇　ここで初めて教会が、LGBTという存在に「問題がある」と示したのですね。

モーガン　昔から教会は「人間は聖なる存在である」という考えを持っています。それから同性愛はもちろん、罪です。しかし同性愛という行動、つまり人間が犯す罪は、LGBTというイデオロギーと違います。あらゆる罪は人間の尊厳に違反するのですが、「人間の体は、ただの物である」と体系的に言いだしたのがLGBTの人たちです。動物どころか、たんなる物に過ぎないというわけで、そんな人たちが現れるとは教会が思ってもみなかったようです。つまりＬＧＢＴは、罪だけでなくて、全く新しい人類学となるのです。人間のあるべき姿を唯物論的にだけ捉える人類学です。

なぜ新しい人類学と理解しているかというと、私は人間を分けるカテゴリーは「日本人」「女性」「高齢者」など、自分で変えられないと思っていたからです。ところがＬＧＢＴの人たちは、そうしたカテゴリーを壊し、「みんなが一つの大きな器に入ればいい」と主張しています。ＬＧＢＴというカテゴリーは、体を自由にプロデュースできると考えている人が付属するカテゴリーです。その意味で、ＬＧＢＴというのは、性的マイノリティとはほぼ関係なく、トランスジェンダーが推進力となっていて、他の本来ある人間のカテゴリー（例えば、年齢、母国語、性別など）を否定するメカニズムとなります。

ただしその新しいカテゴリーの中にいるのは孤立した個人と個人ばかりで、互いに何の関係性もない。伝統、家族、他の安定したカテゴリーと完全に切り離されて、ただイデオロギーの海の上で漂う個人になると、これではグローバリストの思う壺です。イデオロギーによってばかり存在する者は、イデオロギーのトリコです。グローバリストのやることに抵抗できなくなるという問題が生じてしまいます。

我那覇　実際ＬＧＢＴが社会で存在感を強めている背景には、グローバリストの策略という面もあります。この問題については、のちほどじっくり議論させてください。

モーガン　そうですね。現状で驚く話としては、2023年にアメリカのアイビーリーグの一つであるブラウン大学が行った、LGBTに関する調査です。結果は学生の38％が「自分はLGBTQ＋」と答えたそうです。

我那覇　4割近い学生が「自分はLGBTQ＋に当てはまる」と答えたのですか！　それは衝撃です。「LGBTQ＋」の「Q」はクエスチョニングのことで、自分の性自認が不明な人、あるいは決めていない人を指します。「＋」は、これらのほかにも、さまざまな性があることを意味し、ますますおかしな方向に向かっているのを感じます。

モーガン　「Q」のもう一つの意味は、「クイアー」（queer）です。これは、簡単にいうと性的いたずらを意味します。存在しているありとあらゆる考え方、常識などを覆して、例えばゲイかレズビアンが斜めで性を見ているかのように、自分も社会の全て、歴史の全てを斜めから考察して、社会や歴史、伝統など安定しているものを壊して転覆することを意味します。LGBTのイデオロギーを見ますと、そういう傾向がよくわかります。

現実の性は「男」か「女」の2つで、多様なはずがありません。しかしLGBTは、それを否定することで、そして他の安定する人間のアイデンティティも否定することによって、そのような人間のカテゴリーを壊すことができます。そしてそうやって「伝統・社会的な浪人」になった個人個人は、最後にＬＧＢＴというカテゴリーに入るしか選択肢が残っていないのです。

しかしよく考えますと、そもそもＬＧＢＴを一つのカテゴリーにすること自体、私には信じられません。レズビアンとゲイは、必ずしもお互い仲のよい関係ではありません。そのような現実の複雑さを否定して、ひとくくりにする強引さ、ご都合主義も感じます。

これに対して教会は「それは違う」と訴えていたのですが、遅すぎます。それから、主張が弱すぎました。このような中途半端な「教え」は、ＬＧＢＴを自称する人たちの心に響くものになっていません。あと、残念なことに、今になって、ローマ教皇や東京大司教も含む、教会の一部がＬＧＢＴイデオロギーを推している現実があります。バチカンは、ＬＧＢＴイデオロギーの総本山となりました。

ルターの思想とは違うＬＧＢＴの思想

我那覇　いま私たちはＬＧＢＴを介して、戦争の真っ只中にいると思います。誰との戦争であるかは、あとで詳しく述べますが、現在を戦争と考えたとき、我々は「各個撃破」の攻撃を受けているのだと、アメリカの作家であるマイケル・ヨン氏から伺いました。

各個撃破とは、敵の一部をその五倍十倍の力で次々と撃破していき、最終的に全体を制圧する戦術のことです。これは情報戦、認知戦にも当てはまります。例えばマリファナ。これで唆せる人を落とすために、これがどこでも販売可能になるよう法整備をする。これで全ての人でなくても、何%かは撃破できます。その中には本来重要な役割を担うはずだった人がいたかもしれない。

あるいは撃破されなくても力は弱められる。ラリって忙しかったり、ダラダラとゲームをしたりして時間を過ごすことになるからです。これに引っかからない人は別の手口を。色々な手口を用意することで最終的に全員を攻撃することができるわけです。

この各個撃破には、より重要な、本命の戦いから目を逸らさせる目的もあるそうです。いま起きているLGBTにまつわる政治論争も、こうした各個撃破の一つだと思います。LGBT問題、ワクチン、移民問題、気候変動騒ぎなど様々な問題があります。我々日本人が、いまこの問題に関心を持つ時、この点を念頭に置きその外にある重要な議論も同時並行的に見据えなければなりません。

モーガン　それは大事な指摘です。ＬＧＢＴ問題は、確かに性の多様性を認めるかどうかといった話にとどまるものではありません。「性的マイノリティを保護する」というのは、ただの言い訳で、グローバリストが使っている隠れ蓑、煙幕です。

我那覇　そうした中、モーガン先生はＬＧＢＴ問題について、教会は無力であると言われました。ＬＧＢＴと教会との関わりについては、私も教えていただきたいことがたくさんあります。

じつは先日、コーカサス三国のうちのふたつ、アルメニアとジョージアに行きました。なかでもアルメニアは世界最古のキリスト教国で、いまも90％以上が深い信仰心を持つと言われています。私もキリスト教について学びたいと思い、行ったのです。

プロテスタントの方と一緒にあちこち回ったのですが、アルメニアのキリスト教はカトリックや正教会と違い「アルメニア使徒教会」と呼ばれます。これまでに私はカトリックの人たちやさらに違う宗派の人たちからも違う考えを聞きましたが、それぞれが違う考え方をしていて非常に勉強になりました。

モーガン先生はカトリックですよね。

モーガン　そうです。そしてカトリックやプロテスタントなど、宗派によって考え方はまったく違います。プロテスタントの始まりは、16世紀に、国家を超える教会という大きな国際的共同体を否定したことです。当時は「国際」という言葉はありませんが、だからこそ国際的共同体だった教会が崩壊したのち、「国際」という言葉が発明されました。

我那覇　この教会が、いわゆるカトリックですね。そして国際的共同体である教会にとって代わるものとして、「国際」という言葉が生まれた。一方で国際的共同体を否定するものとしてプロテスタントが生まれた。

モーガン　そうです。ドイツのマルティン・ルターの宗教改革により、キリスト教の一派として誕生したのがプロテスタントです。その思想は「ある問題について、教会は決める権利を持っていない」というもので、教会ではなく「個人が決めればいい」と考えるのです。

我那覇　究極的には、個人と神だけの問題だからですね。

モーガン　それがルターの主張で、根本的な思想です。ただしこれは「個々人が自分の判断で何をやっても、何を言っても正しい」という話ではありません。ルターは何をやっても罪だと思っていたからです。一方で「個々人が自分の判断で何をやっても、何を言っても正しい」と言っているのがＬＧＢＴの人たちです。罪について非常に複雑な考えの持ち主であったルターが2023年に生きているとすれば、彼はLGBTを受け止める可能性があるかどうかわからないのです。彼が持ち出した論理でいうと、LGBTを否定する基準が存在しないのです。自分の聖書の解釈がLGBTを肯定するのであれば、それでも良いわけです。

我那覇　そのあたりについては、モーガン先生著の『バチカンの狂気』（ビジネス社）に詳しく書かれていますね。

モーガン　ルターが「教会は要らない」と言ったのは、人間と神が直接つながればいいという考えからです。みんなが神父になる。そうなると共同体は要らない。

それをさらに推し進めたのが、17世紀に清教徒革命を傍から嘆いていたイギリスのトマス・ホッブズです。彼の社会論は、実に恐ろしいもので、ある意味こんにちのLGBTの兆しとなるのです。

ホッブズの考えでは、個人と個人の間に愛情や情けがなければ、それは戦争状態と同じである。これをまとめるために、大きな権力を持つ王様が支配するしかない。それが現在の「国家」という考え方につながります。つまり、ありとあらゆる絆と疎外している個々人が上から支配されているわけですが、今のLGBTとグローバリズムとの関係そのものではないでしょうか。

そこに道徳は存在せず、権力関係がすべてです。教会が腐敗しているのは、昔からみんなわかっていることです。食べ物のない人々が、太った大司教を見れば「これはおかしい」と思うでしょう。しかし革命と叫ぶ過激な組織は、教会だけではなくて、人間が築いてきた社会そのものを壊したいので、非常に危険です。

我那覇 大司教だけが裕福な生活をしている、ということですね。

モーガン あるいは大司教にそっくりな顔の赤ちゃんが続々生まれてくれば、当然おかしいと気づきます。それでいて「人間は生まれながらにして罪人だから、罪を犯してはいけない」という言葉を信じ、「明日はもっと頑張りましょう」と働いてきた。それがキリスト教です。革命派（昔もこんにちも）が言っているのは、正反対です。

我那覇 「人間は生まれながらに罪人」と罪悪感を持ちながら生きていたのですね。

✿ キリスト教を破壊したかった性科学者キンゼイ

モーガン そうした中で教会は続いてきたのですが、20世紀中頃、かつて「できる限り罪を犯しましょう」と言っていたルターのように、フランスの哲学者ミシェル・フーコーが「罪はよいことである」という生き方、考え方を持ちます。「罪がもっと社会のベースになればいい」というのです。もちろん、フーコーだけではないですけれども、罪を肯定する動きがフーコーの時代からかなり加速をしだしました。

ちなみにフーコーは、児童性虐待を繰り返す最低の人間でした。キリスト教の道徳を否定した理由は、やはり、自分がやっている犯罪を、犯罪ではないようにしたかったからと想像できます。

我那覇　この頃からキリスト教の考えとは違う人たちが出てくるのですね。1977年にはフーコーはジャンポール・サルトルらと一緒に性的合意年齢法（15歳未満は違法）に反対する建白書に署名していたようですね。

モーガン　そうです。実はそれ以前からも、いわゆる「キリスト教の社会」の中でも、キリスト教が表面的な価値観だけとして生き残っていましたが、人々の本当の考えと行動は、キリスト教の道徳に違反するようになりつつありました。偽善的な社会構造となっていたわけです。それは実際にそうでしたが、その問題を大げさに言うことによって、自分が犯している罪を隠して、正当化しようとしている、フーコーのような人もいました。

そして第二次世界大戦が終わってすぐの1948年に、アメリカの性科学者で動物学者（昆虫学が専門だった）のアルフレッド・キンゼイが『人間における男性の性行為』を発表します。キンゼイは日本で知られていますか。

我那覇　いえ、一般にはそれほど知られていません。彼は〝性革命の父〟と呼ばれており、ジェンダーイデオロギーを考える上でその根源の一人と言える重要人物ですよね。

モーガン　この本は本当にひどい内容で、「田舎に住むアメリカ人の多くは動物と性交している」などと書いてあるのです。

我那覇　そんなことが書かれていたんですか。

モーガン　はい。牛とか……。でもそれはまったくのデタラメで、そんなデータはありません。彼の目的は、キリスト教の破壊です。

彼はプロテスタントの中でも、とくにキリスト教の信仰覚醒を促す「メソジスト」と呼ばれる一派の人間で、キリスト教で禁止されていることをやろうとした。そのために、人々が嫌がることとして、「多くの男性が動物と性交している」という嘘のデータを発表したのです。

我那覇　完全な嘘なんですね。

モーガン　彼は児童性虐待の常習者でもあります。自分もそうだったし、何百人もの子供に対して、性犯罪を繰り返してきた人からいわゆる「データ」をもらって、それに基づいて「研究」を行ったのです。それについての細かい分析も書かれています。生後2カ月の男の子のペニスをいじって、オーガズムに達するまで何秒かかるかを調べるとか……。気が狂っています。

アルフレッド・キンゼイ

我那覇　キンゼイ自身がやっているのですか。

モーガン　本の中の「データ」はあくまで「研究」に協力してくれた児童性虐待の常習者からもらったものに限ったと彼はいうのですが、本人も児童性虐待をやっていましたので、結局何が何だかよくわからない部分もあります。そんな彼はLGBTの人たちの間ではヒーローです。その後キンゼイ

【キンゼイの書籍に掲載された表】

思春期前男子における複式オルガスムの実例
若干の高い頻度の場合

年齢	オルガスムの回数	要せる時間
5ヶ月	3	?
11ヶ月	10	1時間
11ヶ月	14	38分
2才	7 11	9分 65分
2½才	4	2分
4才	6	5分
4才	17	10時間
4才	26	24時間
7才	7	3時間
8才	8	2時間
9才	7	68分
10才	9	52分
10才	14	24時間
11才	11	1時間
11才	19	1時間
12才	7	3時間
12才	3 9	3分 2時間
12才	12	2時間
12才	15	1時間
13才	7	24分
13才	8	2½時間
13才	9	8時間
13才	3 11 26	70秒 8時間 24時間
14才	11	4時間

は、インディアナ大学で人間の性を研究する研究所を立ち上げました。ちなみに２０２２年に、キンゼイが立ち上げた研究所の75周年の記念日のため、キンゼイの銅像がインディアナ大学のキャンパス内に設置されました。

彼が収集した資料を保存するため、さらなる「研究」を行うためのもので、そこには児童性虐待をした人たちから届いた手紙もあります。

児童性虐待は犯罪ですから、自分から話してくれる人はいません。匿名を条件に手紙を送ってもらい、それをそのまま本に掲載したのです。でも、本当は、キンゼイ本人が一人

【キンゼイの書籍に掲載された表】

思春期前のオルガスムの速さ

クライマックスまでの刺激の持続、セコンド・ハンド・ウォッチ、及びストップ・ウォッチで時間を計った観察、年齢の範囲は5カ月から思春の年齢まで

時間	計られた例数	員数のパーセント	累積パーセント
10秒以内	12	6.4	6.4
10秒以上1分以内	46	24.5	30.9
1〜2分	40	21.3	52.2
2〜3分	23	12.2	64.4
3〜5分	33	18.5	81.9
5〜10分	23	12.2	94.1
10分以上	11	5.9	100.0
総　計	188	100.0	

クライマックスに達するまでの時間の平均値：3.02分
クライマックスに達するまでの時間の中央値：1.91分

の児童性虐待を繰り返す人、レックス・グリーンを訪れました。キンゼイ本人は、データを提供してもらっている人は誰かよくわかっていたのです。

他にも、ナチスドイツの党員だったフライドリッツヒ・フォン・バルセックという男もいて、彼は児童性虐待を繰り返し行い、自分の子供も性虐待して、そして性虐待した女の子を殺した疑いで戦後に逮捕されます。そして裁判で「キンゼイと手紙のやりとりをしている」と証言したのです。「キンゼイから『データがもっと欲しい』と促されたので、多くの子供とやりました」と。

我那覇　「自分だけのせいではない」というわけですね。

モーガン　そのキンゼイも、自分の罪を正当化するために、彼のような人物を本で紹介したのです。バルセックとグリーンのほかにも、さまざまな人物のケースを紹介し、あたかも全世界で同じようなことが行われているかのように思わせる本を出版したのです。

この本が現在、アメリカの性教育の最も基本的な本になっています。

我那覇　児童性虐待や動物との性交を記した本が、性教育のベースなんですか。にわかには信じがたい話です。

モーガン　しかもキンゼイと一緒に研究所で「研究」をしているワーデル・ポメロイは、自分の母親や妹、祖母など、自分の親戚と性交してもいいとも書いています。みんなやっているのだから早い段階から性教育をしたほうがいいという主張です。

そこでアメリカでは、4歳や5歳から性教育を行うのが当たり前になっています。「友達のペニスを触れば、気持ちよくさせられるよ」などと教えています。そのベースとなっているのがフェイクニュースなのです。それでもちろん、そういった「教育」を受けた若い人々は、セックスをたくさんするのです。結果、妊娠です。妊娠したらどうすればいいかというと、もちろん、「性教育」を推している人は、中絶も進めているのです。まさに、「性教育」と中絶ビジネスを行っている人が同じ人間であるケースが珍しくない。市場拡大ですね、「お客さん」の非常に若い頃からの。

しかし「性教育」の概念的ベースは、嘘です。実際には自分のおばあさんや牛と性交している人など、ほとんどいません。ところが自分の罪を正当化するため、これらの行為を当たり前のことと喧伝する活動をずっと続けてきたのです。

驚くべきことに、こうしたキンゼイの考えなどを教会の一部は認めているとのことです。こういう人々は、例えば「イエス様は『みんなを愛しましょう』と言っている。だからLGBTイデオロギーも否定できない」と主張したりします。現在のフランシスコ・ローマ教皇もそうです。バチカンの性虐待スキャンダルがなかなか終わらない理由が、わかりますね。

我那覇　なし崩し的にキンゼイやLGBTにつながる動きが認められていったということですね。

❀ 同性愛を認める人が教会の多数派になりつつある

モーガン　一方で、LGBTの人たちはキンゼイに対する解釈を背景にして、「性のスペクトラム」ということを述べています。

我那覇　スペクトラムは「分布範囲」のことです。ＬＧＢＴの人たちは、性別とは男女2つに分かれるものではなく、双方の特性を持つグラデーションであるべきと考えています。これを「性スペクトラム」と呼び、キンゼイの言う近親婚や児童虐待、動物との性交も性スペクトラムの一種ということですね。

モーガン　そうです。性にはグラデーションがある。「私は男性だから女性が好き」「私は女性だから男性が好き」だけでなく、「私は男性だけど男性が好き」「私は女性だけど男性も女性も好き」といった人もいて、さらには「私は牛が好き」「私は自分のおばあさんが好き」という人がいてもいい。そこから果てしなく、ありとあらゆる性向が生まれると考えるのです。

これについても教会は「進化論のように科学的に証明された真実なので認めなければならない」という人が多数派を占めつつあります。法王が主宰する同性愛カップルの結婚式も、現在の法王がリタイアする前に行われるのではないかと言われているほどです。

我那覇　現在の法王は２０１３年以降、シングルマザーや既婚歴のある人、婚前から同居しているカップルなど、これまで認めていなかった人たちの結婚式を受け止めました。

それが同性愛にも広がるということですね。つまりは「みんな違って、みんないい」。

モーガン　そう。「みんな愛しましょう」というわけです。

我那覇　体の性と心の性はグラデーションのようになっていて、好きなようにコンビネーションすればいい。これを教会も認めるようになっている、ということですね。

モーガン　さらに1950年代にアメリカに住むニュージーランドの心理学者で性科学者のジョン・マネーが「性とジェンダーは違う」という概念を提唱しました。あとは「性同一性」という言い方となるでしょう。

我那覇　性同一性は、現在は性自認とも呼ばれるものですね。体の性と心の性が同じかどうかで、両者が異なる人を性同一性障害やトランスジェンダーなどと呼んだりするわけです。この言葉は1950年代に生まれたのですね。

モーガン　さらにマネーは1960年代にはペニスを損傷した生後8カ月の男の子の両親に性転換手術を推薦し、およそ1年後それが行われました。そのあと、マネーはその男の子を女の子として育てさせたことでも知られます。

我那覇　この件に関する『ブレンダと呼ばれた少女』を昔読んでショックを受けました。当事者はその後自殺しました。キンゼイとマネーが現在のアメリカの性教育の元祖で、根拠はこの二人の主張ということですか。

モーガン　そうです。性教育というよりも、ジェンダーイデオロギーですね。それに対して教会は、ほぼ無力なのです。

✿「人間の体は美しい」が本来の考え方

我那覇　以前プロテスタントの方と話したとき、同性愛は聖書で禁じられていると聞きました。そのあたりは、どうなっているのでしょう。

モーガン　聖書では明らかに同性愛を禁じています。ただプロテスタントにとっては、聖書は「私の解釈がすべて」でもあります。一部の同性愛者は「聖書に書いてあることは、ただのメタファー（隠喩）」などと考えるのです。

我那覇　宗派によって解釈が変わったりもするのですか。

モーガン　「個人によって違う」というのがプロテスタントの考え方です。だからプロテスタントの宗派は現在3万以上あると言われています。「この宗派の考えは私の考えと少し違うので、新しい宗派をつくります」といった具合で、どんどん分裂します。アメーバのように、つねに分裂から分裂を続けているのです。

我那覇　私はキリスト教の基礎知識がないので、アルメニアでプロテスタントの人たちと行動を共にして驚くことがたくさんありました。

彼らは「教会とは祈る行為である」と考える人たちです。信者がクルマの中で会話をしたり、お祈りをしたら、そこはもう教会だそうです。物理的な建物としての教会は存在せず、祈ることが教会なのです。

モーガン　それはまさにプロテスタントで、プロテスタントはそのような言い方をします。カトリックとプロテスタントでは教会の意味が全然違うのです。カトリックではイエス様本人が教会です。

ミサに行くと、パンとワインを拝領します。これはイエス様の御体と御血です。これらを体内に受けて、私たちもイエス様のようになる。それが永遠の命になるという考え方です。イエス様の御体と御血をつくる仕事をしているのが教会の神父なのです。でもそれは神父の良さによってできることではなくて、全てがイエス様からくるわけです。祈っているだけで教会にはなりません。

たとえば懺悔をして、神父様が「罪を許す」と言ったとします。これは神父様が許すのではなく、神父様がイエス様の代わりに許しているのです。イエス様のマネジメントのもと、下っ端の神父が「イエス様が許すとおっしゃっているから、許します」と言っている構造です。解釈問題ではないのです。「こうです」とのことです。

聖書には、最後の晩餐でイエス様が使徒たちにパンとワインを与えて「これが私の体と血です」と言ったと書かれています。聖書はカトリックにおいて重要な存在ですが、その聖書を編纂したのは教会の人間です。イエス様に接したいろいろな人たちの証言を集めたものなので、ある意味、一冊の本に過ぎないとも考えます。つまり、本に書いている概念ではなくて、具体に存在していた人間、イエス様の実際の肉体と血液が全てです。具体性に満ちているわけです。

カトリックの信者は、体を大切にしています。なので亡くなった聖人の体を保存しています。小さな瓶の中に入った聖人の指の骨や歯、心臓などを見たことがありますか？

我那覇　えっ、骨や心臓ですか？　ないです。それらは埋葬されているのですか。

モーガン　埋葬していません。荘厳な形をした瓶の中に骨などを入れて展示しています。聖人はイエス様の御体と御血を体内に入れたので、その聖人はイエス様を表していると考えるのです。

我那覇　化身ということですか。
モーガン　そのとおりです。
我那覇　アルメニアの教会はどこも金ピカできれいでしたが、いろいろな絵も飾られていました。これは化身とは違うのですか。
モーガン　それはイコンで、化身とは違います。イコンは「天国への窓」です。
我那覇　キリストの磔やマリア様がヘビを踏んづけている姿など、聖書の中のいろいろな物語を再現していました。なかでも印象的だったのが心臓を描いた絵です。
モーガン　その心臓は燃えていませんでしたか。
我那覇　燃えていたと思います。
モーガン　それはイエス様の心臓です。人間に対する愛で燃えているとか、人間によって剣で貫かれ「汝らの罪と悲しみで私の心臓は燃えている」といった意味があるなどと言われています。
イコンはロシア正教で用いられることが多く、信者はマリア様やいろいろな聖人のイコンにキスしたりもします。
我那覇　それは見ました。教会の奥にある小さな部屋で男性が絵にキスしていました。

モーガン　その絵はただの絵ではなく、天国で生きている聖人を覗かせているのです。絵にキスをするのは天国の聖人にキスするのと同じで、聖人へのキスを通してイエス様にキスすることになるのです。

イコンに描かれた聖人の体は美しいですよね。これは「我々の体も教会の中では美しく、聖なるもの」ということです。ミケランジェロのダビデ像のような美しさではありませんが、人間の体はみな美しい。それは母から授かったものであり、ひいては神様から授かったものだからです。だから入れ墨など、体を傷つけることをしてはいけない。人間の体は、聖霊の棲家です。

✿ ロシアはLGBTを認めていない

我那覇　それについては、同じ意味で私の好きな言葉があります。両親から教わったもので、「身体髪膚これを父母に受く、あえて毀傷せざるは孝の始なり」。この体は父母からもらったものだから、体を傷つけないことが一番の親孝行の始まりだと。

だから私はピアスも絶対にしません。子供の頃、かわいいピアスを見ると「かわいいけれど、私はつけられないんだな」と少し残念でしたが、それによって自分は守られていたのだといまは思っています。

モーガン　逆の考えが「勝手に自分の体を傷つけていい」というものです。たとえば最近、12歳の女の子の乳房切除というケースがあります。

我那覇　12歳？

モーガン　はい。自分が男の子になりたいと言って、ジェンダーイデオロギーの医者に診察してもらった結果として、「乳房切除」を推薦されて、実際にそうしたケースです。あと、そういう考えが最近、欧米で流行っているのですよ。たとえばコスタというコーヒー会社の広告で、夏の砂浜でみんなが遊んでいて、その中の一人の女性は胸に傷跡があるんです。自分の乳房を切除した跡です。

こういうのが流行っているので、先の12歳の女性は、病気だからではなく、ただ「私は男になりたい」と思い、神様からもらった自分の体を大きく傷つけたりするのです。この傷はもう戻しようがありません。それを「とてもよいこと」とアメリカのメディア、学者などが言っているのですが、乳房切除という恐ろしい経験をした本人は、今非常に後悔しているといい、その手術をした病院に訴訟を起こしています。

我那覇　このような手術を「勇気ある決断」などと囃し立てますよね。

モーガン　勇気があるのは、イデオロギーに反対する人ですね。でもそのイデオロギーの犠牲者がますます増えているのです。「これは罪ではなく、みんなやっていること」というわけです。これが罪のメカニズムです。そして罪は、人と人との関係を壊します。

たとえば私が人を殺したら、もちろんその人の家族に大きなダメージを与えます。でもそれだけでなく、社会が大きな傷を受けるのです。私が罪を犯せば、みんなが罪の影響を受ける。罪とは、そういうものです。神に創造された人と人との関係を壊すのだから。

ＬＧＢＴのメカニズムも同じです。人間を壊し、周囲の人たちとの関係も断ち、最後は社会全体を突き崩す。みんな壊れて、結果、権力者の言われるがままになる。

その意味では、素晴しいのがロシアです。ロシアはＬＧＢＴなどを認めていない国です。ウクライナ問題はともかく、これについてはウラジーミル・プーチン大統領を評価できます。彼に賛成している国も多くあって、欧米の諸国と、残念ながら日本ぐらいがＬＧＢＴイデオロギーを推しているだけで、少数派です。

我那覇　ロシアは２０２３年７月に性別変更を原則禁止する法案を通しましたね。今また性転換手術を禁止する動きも出ています。これは確かに素晴しいです。

モーガン　独裁者と揶揄されていますが、この点については「よくやった」と思います。

❀ LGBTのシンボルは、なぜ虹なのか

我那覇　ＬＧＢＴと教会の関係について、もう一つ伺いたいことがあります。ＬＧＢＴの人たちはシンボルとして、よくレインボー、つまり虹を使います。この虹はキリスト教と深い関係があり、じつは「神の救い」を意味すると聞いたことがあります。「ノアの方舟」とも関係するそうですが、そのあたり、いかがでしょう。

モーガン　確かに「ノアの方舟」が関係しています。ノアたちを乗せた方舟は、洪水が収まると無事、陸地に辿り着きます。

我那覇　アララト山ですね。形がちょっと富士山に似ている山で、アルメニアで見てきました。旧約聖書の「創世記」によると、洪水が起こるまで人間は何百年も生きることができた。でも人間が腐敗して、神様が怒って罰を与えるために洪水を起こした。唯一ノアだけは行いがよかったから、家族とともに方舟に乗って助けてもらえた。

嵐がやんで水が引いていくときに、神様がノアに「次に嵐が起きても、私は生き物を滅ぼすことはしない」と約束し、虹がそのしるしだと語ったと。

だからクリスチャンにとって、虹は「神の救い」を表すとても大事なものです。それを文明や人間を破壊しようという意図を持つ人たちが、あえて使っていると知りました。この人たちは、どこまで悪人なんだろうと思いましたね。

モーガン　そう。虹をシンボルにするところに彼らの悪質さが潜んでいます。

我那覇　ある教会に行ったとき、虹が映った床を見て感動したことがあります。外から入ってくる日の光が窓ガラスにうまく反射して、床に虹が映る設計になっているのです。虹は本来美しいものなのに、子供たちを大変な目にあわせる象徴になっている。本当にひどい話だと思います。

❁ LGBTの虹は神への叛逆の象徴

モーガン　光は、もともと一つです。それが窓というプリズムを通ることで虹になる。この虹がまたプリズムを通れば一つの光に戻ります。そのような統一性があり、これは神様にとって人間は「みんな違うけれど、みんな同じ光」から生まれるということです。結局、この宇宙は、物理的でも精神的でも、全てが神の統一性の中で存在しているのです。

でもＬＧＢＴの旗に描かれている虹は違います。あれらの色はすべて別々に分かれていて、一つにはなれません。分断を表す色で、聖書の虹とはまったく違います。「あなたはトランスジェンダー」「私はゲイ」「あなたはレズビアン」とそれぞれが違い、一緒にまとまる関係性を持てないのです。

それをまとめられるのは、王様のような強い政府しかない。彼らがアメリカ社会の真ん中に来ることで喜んでいるのは、首都ワシントンの政府関係者だけです。

ＬＧＢＴ問題について、よく「インクルージョン」という言葉が出てきます。「あなたも含める」という意味ですが、そもそもみんな「人間」というカテゴリーに含まれているものです。人間である限り、みんなはもう、含まれているからです。たとえば私が勝手に「あなたも人間です」などと言うのはおかしいでしょう。これだと私が認めなければ、その人は人間ではないことになってしまう。

彼らの使う「インクルージョン」には、そんな言葉の傲慢性がにじみ出ています。結局、新しい権力を持ちたいのです。私があなたを、「インクルージョン」してあげたので、私があなたに対して、権力を持っている、というのです。ちなみに先ほど紹介したフーコーは、社会の全てが結局権力問題だというのです。文明、伝統、文化、家族などを壊せば、後で残るのは、権力のみです。それがＬＧＢＴイデオロギーの目的地です。そうなると、権力者のやり放題です。

我那覇　「インクルージョン」は本来、わざわざ使う言葉ではない。

モーガン　また、彼らが虹を使うのは、やはり神様に対する叛逆です。神様が我々を滅ぼすのではなく、「我々自身で人類を滅ぼす」という意味もあるのです。

我那覇　２０２３年６月にアメリカのホワイトハウスで開かれたイベントで、ＬＧＢＴの旗を国旗と同じ高さで掲げて問題になったことがありますね。

モーガン　しかも星条旗を両脇にして、真ん中にＬＧＢＴの旗を据えた。アメリカの哲学者によると、いまのアメリカは「思想的な帝国」になりつつあるそうです。昔は貿易にもとづく「商業的な帝国」でした。

我那覇　マーチャントイズム（mercantilism：商人主義）ですね。

モーガン　マーチャントがやっていることの先には「植民地支配」がよく来るでしょう。アメリカも、それからイギリスも、貿易と植民地支配が混ざり合った帝国でした。それが思想的な帝国になり、ＬＧＢＴや中絶といったことを、ありとあらゆる国に押しつけているのです。

我那覇　かつてキリスト教を押しつけようとした国とは、とても思えないような状況ですね。何と嘆かわしい……。

大きな戦いが始まっている

我那覇　ここまでキリスト教との関係を絡めながら、アメリカでＬＧＢＴがメインカルチャーになりつつある現状を議論しました。ただ、先ほどマイケル・ヨン氏の言葉で紹介したように、これは大きな戦いの数ある中の一つです。

ＬＧＢＴ問題はすごくセンセーショナルな話題です。ニュースでも大きく報じられますが、少し経つと忘れさられるような、一過性で終わりやすいテーマであることも確かです。

たとえば大事な問題を国会で審議しているときに、ＬＧＢＴ絡みのセンセーショナルな話題を大きく報じることで国民の注目を集める。そして国民が気づかないうちに重大な法案を通してしまう。そういうこともあり得ると思います。そちらの方がいわばキルショット、致命的な問題なのです。

そう考えるとマスコミがＬＧＢＴ問題を煽る時には、他に通したい重要な法案があるのではないか。そんなことも考慮に入れておく必要があるように思います。

ＬＧＢＴ問題について、私は日本だけは大丈夫だと思っていました。でも２０２３年７月に、性自認が女性の男性が、職場の女性用トイレを使っていいという判決が最高裁判所で出ました。これを知って日本も例外でなく、もはや想像できない段階に入っていることに気づきました。

ＬＧＢＴ問題はアメリカだけでなく、世界中で起きている。このことを私たち日本国民は自覚する必要があります。

モーガン　つい最近まで確かに日本は例外でした。にもかかわらずＬＧＢＴという悪質なイデオロギーへの抵抗力が弱くなった社会になりつつあるのは、２０２２年に駐日大使となったアメリカのラーム・エマニュエル氏の影響が大きいです。

エマニュエル大使は着任以来、ＬＧＢＴの人たちへの差別に反対するビデオメッセージを出したり、ＬＧＢＴ法の成立を歓迎するコメントを出したりしています。ＬＧＢＴ法の成立も、エマニュエル大使の関与する部分が大きいと言われています。

こういうとんでもない行動、態度などを見て、アメリカ大使が日本に「内政干渉」をしていると懸念する評論家などが多くいたと思いますが、そのレベル、つまりただの外交問題、大使の作法の粗さの問題だけで捉えたら大きな間違いです。なぜなら、エマニュエル大使の目的は、LGBT法によって日本の文明そのものを壊すことにあるからです。

ここで非常に重要なポイントを強調したいのですが、エマニュエル大使は、日本がLGBTに寛容さが足りないと思っているのではない、とのことです。逆に、彼にとっては、日本のLGBTに対する考えが寛容すぎる。そして、日本文明の柔軟さ、他人を敬うという日本の美しい文化が邪魔で、それを壊して、その代わりに、ワシントンが推しているグローバリストのイデオロギー、具体に言えばLGBTイデオロギーを植え替えたいのです。

グローバリストのお馴染みのやり方で、常識を「差別」や「ヘイト」として無理やりレッテルを貼って、健全な社会を覆して壊すのです。

日本社会の中では、あらゆる人間の居場所が確保されています。障碍者に対する心配り、お年寄に対する思いやり、他人に対するおもてなし、こういった文化は、日本人の先祖が、ずっと昔から「人間同士の一番いい接し方とは何か」と考えてきているからこそできています。

この「おもてなし」ということについて考えますと、人間であれば、おもてなしを行うべき、との掟ですね。千利休が大成させた茶の湯は、本当に美しいものです。たとえ好きではない人間に対しても心から歓迎し、みんなで同じ場を共有する。それが日本文明の特徴です。

我那覇　確かにそういう面があります。

モーガン　でも、ここが問題です。千利休の侘び茶、茶室などは、イデオロギーが通らないのです。もし人間が文明レベルで仲良くできて、なんとか共生できているのであれば、グローバリストが目指しているように、集中的な権力を握ってワシントンから全世界を支配することができなくなるでしょう。もし千利休の考えが世の中を覆ってしまったら、世界が平和的になってしまうかもしれません。それは、グローバリストにとって最悪のディザスター、災いです。

❀〝レインボー・アル・カポネ〟

モーガン　さて、話をＬＧＢＴに対する日本人の寛容さというところに戻すと、例えば15年前とか、ＬＧＢＴイデオロギーがまだ日本列島に到着する前、その当時の番組を思い出すと、日本人の性的マイノリティに対するの寛容が素晴らしかった。時々テレビを見てそう思うのですが、たとえばマツコ・デラックスさん、それから昔よくテレビ番組に出演していたはるな愛さんのようなＬＧＢＴの人たちも、話す内容は常識的です。その方々は、ＬＧＢＴイデオロギーを推しているどころか、日本で自然に溢れている寛容さを活かして自分なりのキャラを作っていると言えるでしょう。そうやって、どんな人にでも居場所があって、誰でも周りの人々と仲良くできるというのは、日本文明の特徴の一つですね。

我那覇　一線を越えていない。

モーガン　そうです。それが日本のとても強いところです。健全な社会の証ですね。テレビなどでいろんな違う人が集まって、楽しめるということは、日本社会はまだ芯が強いことを物語っています。

しかしワシントンにとっては、そういった日本が許せないのです。エマニュエル大使は古き良き日本を計画的に壊そうとしているのです。そして、そのことに自民党は、いそいそと協力している。日本文明を壊したり、日本国民に傷をつけたりする最悪の輩に協力している。いまだ、アメリカの言いなりになっている自民党には怒りを感じます。

『Ｗｉｌｌ』の２０２３年９月号で、参議院議員の有村治子氏がＬＧＢＴ法成立についてエマニュエル大使を非難し、「日本は独立主権国家です」と非難していました。でもエマニュエル大使にそうさせたのは日本の政治家です。だからこそエマニュエル大使もやりたい放題できるのです。明らかに主権国家でもなくて、自立していない、日本は。それは、自民党のおかげです。腹立たしいのです。

日本の政治家で頑張っているのは、参政党の神谷宗幣氏くらいなものです。あとは、日本の政治家が両手でワシントンの毒性なイデオロギーを引き込んでいる一方です。

我那覇　たしかに神谷氏は頑張っていますね。

モーガン　それ以外の議員のほとんどは、何もわかっていないか、協力する側になっています。

我那覇　「ポチ」になっている。

モーガン　そう「ポチ」です。エマニュエル大使が大変革を起こし、日本人をワシントンにとって都合のいい〝グローバル人〟にしようとしているのです。〝グローバル人〟にとって、文明や文化は邪魔です。だからまず文明と文化を壊し、共同体を個人に分断して一つの器に入れる。言わばホッブズが唱えた「国家論」を全世界にまで拡大しようとしています。そして、バラバラになった個人を、上に立つ〝王様〟がコントロールするのです。

我那覇　コントロールするには個々人を孤立させなければならない。それが現実にいま行われているのです。

エマニュエル大使の行動を単独犯のように言う人は多いですが、そうではないと思います。「シカゴ市長としてうまくいかなくなったから日本に追い払われた」などと言われていますが、もっと根深い意図があるはずです。

モーガン　絶対にそうです。彼の役割は、いわばマフィアです。もっと言えば、彼の言い方はマフィアより粗い。とにかく喧嘩を売って気に食わないライバルを踏み潰して、シカゴというギャンググランドで生き残って、シカゴ出身のマフィアボス、バラク・オバマの弟子として出世したエマニュエルですが、それをジョー・バイデンは喜んでいます。バイデンがあのような人を派遣して、日本社会を壊そうとしているのです。いわば〝レインボー・アル・カポネ〟。

我那覇　いいネーミングです（笑）。しかも現代のマフィアは隠れもせず、白昼堂々と悪さをする。昔、父からこういう言葉を聞いたことがあります。「腐敗」と「頽廃」の違いは何か。

たぶん保守の論客だった渡部昇一先生の本からの引用だったと思いますが、腐敗とは悪いことをしている自覚がありながら、悪いことをすること。一方、悪いことをしながら悪いという自覚もなく、倫理の逸脱が気にならないのが頽廃です。だから開き直りもする。例を上げると、パクリブランド製品や中国の偽の卵、自らの不祥事を弁護するお笑い芸人、売春施設を利用しながら、「貧困調査」と言い訳をする官僚の態度。

ここまで来ると、もう取り返しのつかないことになります。

いまの社会はもう頽廃的になっています。悪いことを「悪い」と思ってやっているうちは、まだ健全なんです。

モーガン　先に述べたように、キンゼイがやろうとしたのが、まさに社会を腐敗から頽廃的なものにしようということです。子供に対して「変な価値観を押しつけてはいけない」と日本でも言えなくなってしまった。かえって、変な価値観を子供に押しつけたくない人が、これから「差別者」と攻撃され、アメリカみたいに職を失って、村八分扱いされることになるでしょう。イデオロギーは、常識、文明、文化と絶対に共生できないのです。エマニュエルらが推しているイデオロギーが一回日本に入ると、既存のいい物事を壊して、イデオロギーのみが蔓延るまで容赦なく健全な社会を突き崩します。それがもう、目の前で日本国内で起きていることです。

我那覇　ＬＧＢＴ法の成立で国がお墨付きを与えてしまいました。

モーガン　まさに腐敗から頽廃に入った瞬間です。それを我々は目の前で見ているのです。

❀ＬＧＢＴ問題でハンガリー人を入国制限するアメリカ

我那覇　その点で頑張っているのが、先にも述べたロシアであり、もう１カ国注目すべきはハンガリーです。２０２２年私はハンガリーへ行きましたが、常識が残っているというか、「まだ健全な人間がいた」というのが率直な感想でした。ハンガリーでは18歳以下の子供にポルノや性転換手術や同性愛を促すコンテンツを見せてはいけないという法律ができました。至って健全ですが、これを〝反ＬＧＢＴ法〟とメディアは呼びお得意の印象操作をしています。

アルメニアに行ったときは、こんなにも教会がたくさん残っていて、信心深い人たちがたくさんいる国だから、ＬＧＢＴイデオロギー問題は大丈夫だと思っていました。ところが現地にいるアメリカ人宣教師に聞くと、やはりその毒牙にかかっているというお話でした。

モーガン　アルメニアでもＬＧＢＴ問題が起きているのですか。

我那覇　具体的にはイスタンブール条約を押しつけられて、大変なことになっていると。イスタンブール条約とは２０１１年にトルコのイスタンブールで署名された、欧州評議会の国際人権条約です。表向きは「女性を暴力から守る」という内容ですが、その中にＬＧＢＴのイデオロギーを隠しながら入れているそうです。アルメニアは２０１８年に署名し、以来おかしなことになっているという話でした。

そう考えるとＬＧＢＴ問題は、やはりグローバリズムという全体主義の攻撃の一つの手口だと思います。駐ハンガリーアメリカ大使、デイビッド・プレスマンは、ゲイを公言しています。それでエマニュエル大使と同じように、ゲイパレードで先頭に立って歩いているのです。

さらにエマニュエル大使と同じようにスピーチを行いハンガリー政府の価値観が間違っていると説教するのです。このスピーチ内容はハンガリー政府を批判し、同国のＬＧＢＴコミュニティの人々を煽動している点でカラー革命を起こす外国勢力という構図を思い起こさせます。

８月から始まった制裁もこの問題が背景にあると言われています。

ＥＳＴＡ（エスタ）と呼ばれる、ビザなしでアメリカに入国できるビザ免除プログラムがあります。日本も40カ国ある対象国の一つで、90日間ならビザなしで渡米できます。今回のハンガリーに対する制裁は、ＥＳＴＡの有効期限を通常の２年から半分の１年に減らすというものでした。

また期間内であれば何回も使えるところを１回きりにする。要するに入国者に対して制限をかける制裁です。

表向きには「ハンガリーのパスポートセキュリティには、脆弱性があるから信頼ができない」と発表されていますが、今のアメリカ国境の不法移民問題を見ればこの理由がおかしいことはすぐ分かります。

現在アメリカ国境はガラ空きで、バイデン大統領の今、国境を簡単に越えられると知った世界中の人々が民族大移動と呼べる規模で大量に押し寄せています。私もアメリカ、メキシコ、パナマ、コロンビアでこの問題を追いかけ取材してきましたがアメリカに対して人口侵略が起きていると言えます。

その中には中国人も多く人民解放軍に所属する者たちやその他テロリストも含め、パスポートなしや違法パスポートでの入国者をたくさん見逃しています。不法移民の大量入国を認めているのに、ＥＳＴＡを取得して正規で入国するハンガリー人は信用できないというのは、本当におかしな話です。

モーガン　その件については、私もニュースを見て頭が爆発しそうになりました（笑）。このロジックは何なのか。

我那覇　私も驚きました。もう一つ考えられる理由はアメリカからするとハンガリーは現在進行中のウクライナ戦争で、ロシアに対する制裁に反対の立場です。これは経済面の理由からです。具体的に書かれているわけではありませんが、これも制裁理由の一つのような気がします。

モーガン　いずれにせよハンガリーは健全な社会だと思います。アメリカにはメキシコから、児童虐待をしている人がたくさん入国しています。誘拐された子供を自分の子供と偽り、アメリカに行くのです。子供連れのほうが優遇措置を得やすいからです。

そしていったん入国すると、あとはそれぞれ別人として生きていきます。または誘拐した子供を性奴隷としてカルテルというメキシコのギャングに売りわたして、または殺すのですよ。外国人がこういった状態を見て、いったいなぜワシントンが自国でこういうことが起きるのを許しているのか、なぜこういったことを推進しているのか、わからない人がたくさんいると思いますが、忘れてはいけないのは、アメリカはワシントンの属国であるとのことです。

ワシントンは、アメリカが大嫌いです。ワシントンの自称エリートがアメリカも日本も壊したいと思っているのです。なので、いわゆる「移民問題」、本当は侵略ですが、これはワシントンにとっても都合がいいのです。家族のしがらみがない個人は、国家が完全に支配できるからです。そして、犯罪者などがたくさんアメリカに入ってくれれば、アメリカの地方の社会を壊せたり、ワシントンに対して抵抗力をまだ強く持っている地方の警察官、特にシェリフの立場を弱めることもできます。

彼らが考えているのは、古代ギリシャ最強の都市国家スパルタの奴隷制に近いものがあります。ヘイロタイというのです。個性や人間性を否定された、奴隷に近い人々が国家の中にいる。それがワシントンからすれば理想的な状態なのです。

我那覇　共同体に属さない人たち、ということですね。

モーガン　そうです。人間の絆が破けて、人間を完全に孤独化させると、中央政府の権力に挑むグループが現れないのです。もちろん、孤独化された人々のうち、少なくない人たちはホームレスになります。そうした人たちが麻薬やレイプや犯罪をやる。地獄のような状況ですが、これは支配する側、つまりグローバリストたちにとっては理想的なのです。ニューヨーク、サンフランシスコなどを見て下さい。地獄です。民主党、つまりグローバリスト党が支配するアメリカの町を見て下さい。それが近いうちに日本に来る映像でもあります。

こうしたワシントンの実態を日本人にも伝えたりしますが、たいてい「お前は中国人のスパイか！」と言われて終わりです。日本の拝米メディアの中からこういう声がとりわけ著しいです。

我那覇　そんなことを言われるのですか。

モーガン　たとえば動画配信サイト『チャンネル桜』で話したとき、「あなたの言っていることは中国人のスパイのように聞こえる」と言われました。アメリカ人の方からは、「プーチンのスパイ」ともよく言われます。ワシントンを貶めることを言うから、ロシアのスパイというわけです。でもワシントンは、本当にそういう存在なんです。私は、アメリカが大好きだからこそ、ワシントンに立ち向かって戦っているのです。「日米同盟」の重要性を提唱している日本国内のワシントンのポチは、本当はアメリカが嫌いで、日本も嫌いです。ワシントンのパワーを利用して、日本国内でのポジションを固めたいだけですね。

我那覇　ワシントンに文句を言えばスパイ扱いされる。じゃあ私もスパイです（笑）。

モーガン　ある意味、中国よりワシントンのほうが危ない。実際に日本に攻撃を仕掛けているのは、エマニュエル大使です。中国も攻撃していますが、まだまだ遠い存在です。エマニュエル大使は日本にいて、権力も持っています。ワシントンは、日本国内でいくつかの基地を設置しています。日本は、中国からの侵略に備えていて、準備していますが、日本はもうすでにアメリカに侵略されていますね。

❁ 文化大革命と同じ手口で洗脳される子供たち

我那覇　ＬＧＢＴ問題は単なる性の多様性の問題として捉えられるものではありません。我々も世界中で起きている認知戦のターゲットにされており、その一環として位置付ける必要があります。

これは「国家主権をなくそう」という動きですが、それが私の意味するところの「戦争」で、アメリカにおけるＬＧＢＴ問題や移民問題もそうです。それぞれの国で国体が破壊されつつあります。

かつてのソ連や中国共産党は、全体主義によって悲惨な社会をつくりあげました。それとまったく同じ手口で、まったく同じことが起ころうとしています。

中国の文化大革命は子供と親を切り離し、毛沢東を信奉する子供が紅衛兵となり、親を密告する社会をつくりました。親が共産党体制や毛沢東を疑問視する発言をすれば、子供が目を光らせていて密告するのです。

密告されたら、それが事実かどうかにかかわらず、即刻処刑される。このとき子供に起きている精神の変化については、いろいろな研究報告があり、すでにパターンとしてわかっています。

モーガン　「このようなやり方をすれば、子供を洗脳できる」というノウハウが確立しているのですね。

我那覇　そうです。そして学べば学ぶほど、その手口がＬＧＢＴの中でも、とくにトランスジェンダーについて行われていることと同じだとわかります。いま私が見ているトランスジェンダーの人たちとそっくりです。

詳しくは後ほどお話ししますが、アメリカでは実際にターゲットにされて、トランスジェンダーと勘違いされて性転換手術まで行い、未来を閉ざされるケースが増えています。そんな証言がたくさん出ていて、子供と家族を狂わせる教育は例を挙げたらキリがないぐらい、悲惨なことがたくさん起きています。

アメリカの現状を端的に示しているのが『It's Perfectly Normal: Changing Bodies, Growing Up, Sex, and Sexual Health（イッツ・パーフェクトリー・ノーマル）』という本です。対象年齢10歳以上の子供向けですが、ご存じですか。

モーガン　表紙だけで、中は見たことありません。推薦者が全米家族計画連盟（プランド・ペアレントフッド）とありますが、中絶ビジネスで最も有名な団体です。

我那覇　これは本当に恐ろしい本です。私も読もうと思ったのですが、性描写が過激で少し開いて読むのをやめました。これが１５０万部以上売れていて、図書館にも置いてあります。最近ニュース専門局のＦＯＸニュースでも採り上げられ、話題になりました。

モーガン　「害悪な本」として報じられたのですね。

我那覇　この書籍の内容があまりにも酷いため度々話題になるのですが、今年5月にノースカロライナ州の教育委員会へジョン・アモンチュク牧師という人が図書館からこの本を取り下げるよう直談判したという出来事がありました。教育委員会の公聴会でこの本を読み上げ始めたのです。

「この本は性的な描写、絵を詳細に載せています。裸の老人や車椅子に乗った裸の男性、ペニスが丸見えです。子供のすぐ手の届くところにポルノの絵があるのです。また二人の女性、男女、男性同士がセックスをしている絵が描かれています。こんなのは〝ノーマル〟ではありません。誰が〝ノーマル〟と決めるのですか。（教育委員を指差し）あなたですか？　それともあなたですか？　子供に何を教えるかは親が決めるべきではないのでしょうか。文章も読み上げましょう。『少しすると、女性の膣は湿ってヌルヌルになり、クリトリスは硬くなり、男性のペニスは勃起して硬くなり、大きくなる。時々、ペニスの先から精子を少し含むかもしれない透明な液体が少し出てきて、ペニスを濡らす』」

ここまで読み上げると、流石に、教育委員会側が、牧師に読み上げるのを止めるよう促しました。そこで牧師はこう言います。「何か私が言ったことで不味かったことはありますか。教育委員会の公聴会の場で耳にしたくないことなら、なぜこのような本を子供達が図書館で借りることができるのでしょう。子供達に変なことをする変質者がいるのに、皆さんは何もしない。あなた方委員たちはポリコレを恐れて何も言えないのだ」この紹介で十分内容が過激と思われていると思いますが、この本にはもっと様々なことが書かれています。流石に精神衛生上この先を紹介するのは厳しいです。

第3章

日本でも始まった恐ろしい出来事

❀問題の書『イッツ・パーフェクトリー・ノーマル』の中身

我那覇　先に述べたように、日本では２０２３年6月にＬＧＢＴ法が成立しました。第１章でご紹介したアメリカで起きているＬＧＢＴをめぐる事例は、もはや対岸の火事ではありません。

すでに、「ドラァグクイーンが子供たちにＬＧＢＴ関連の絵本を読み聞かせる」といった活動も始まっています。今後は学校でも、ＬＧＢＴ理解といった名目のもと、活動家による洗脳が進められる可能性が高いです。

たとえば先にご紹介した『イッツ・パーフェクトリー・ノーマル』です。

モーガン　過激な性描写のある子供向けの本ですね。

我那覇　出版は１９９４年で、すでに30年近い歴史があり、30カ国に翻訳されています。日本語訳はありませんが、同じ著者の別の本が何冊か日本語訳が出ています。『コウノトリがはこんだんじゃないよ！』もその一つで、こちらは4歳児に向けて子供はどうやって生まれるのかを解説しています。

モーガン　同じ著者の本が、すでに日本にも入ってきているのですか。『イッツ・パーフェクトリー・ノーマル』もいつ入ってきても不思議ではない。

我那覇　そのとおりです。本書の目的として「思春期の子供に思春期を理解してもらうこと」とありますが、実際はハードポルノに近い内容です。子供が図書館から借りてきたのを見てショックを受けた親が、「この本は図書館に返さない」と言って全米ニュースになったこともあります。

あるいは親たちが図書館の本棚から外させようと、教育委員会や州議会に掛け合ったという話もあります。

モーガン　良識ある親はきちんと行動している。逆にいえば、良識ある人にとって絶対に子供に見せたくない本ということです。

我那覇　この本が子供たちにどれほど有害でクリスチャンの人々が特に警戒しているかは、２０２３年1月4日にノースカロライナ州の黒人の司教が語った内容からもわかります。教会でこの本を手に持ち、次のような話をしたのです。

「皆さんの前で、この本を開くことはできません。10歳以上を対象とした本ですが、これはポルノです。イラストは行為の様子を表したものであり、皆さんの前で開いてお見せするにはふさわしくありません。

しかもこれはソフトポルノではありません。ハードコアポルノです。通常のものとの違いは、これが漫画スタイルで描いてあり、登場人物は子供たちということです。

その中身を詳しく説明したくもありません。人々の純真さを打ち砕き、破壊するように設計されているからです。純真さは絵を見せることでも汚れ、中身を説明することでも汚れます。一度純真さを失えば、取り返すことはできません。

彼らは知っているのです。一度見たら、けっして見ていないことにはできないと」

モーガン　このようにおっしゃる牧師さんの気持ちがわかります。一度でも見たら、本来持っていた純真さは失われてしまいます。

我那覇　別の内容を少しだけご紹介します。たとえば5章のタイトルは「フー・ユー・アー」で、「本当のあなたは誰」と問いかけています。そしてストレート、レズビアン、ゲイ、バイセクシャル、トランスジェンダー、クィア（クェスチョニング）などを紹介しています。

モーガン　クィアは「あらゆる性のカテゴリーを否定する」といった意味です。男性も女性も否定する。もともと「歪な」という意味で、ゲイに使われていたこともあります。

我那覇　ほかに自慰の方法なども書いてあります。性の勉強というより、この司教がおっしゃるように、要は「変態本」です。

モーガン　児童虐待のハウツー本です。

我那覇　そういうものが学校だけでなく、家庭学習の教材にもなっているのです。魔の手があちこちに広がっていて、アニメにもなっています。

モーガン　本だけではない。アニメにまでなっていたら、ますます子供の目に触れやすくなります。

❀ すでにトランスジェンダーは女湯に入っている

我那覇　子供の目に触れやすいものとして、ティックトックなどの配信動画もあります。有名なものの一つが「バドライト」の広告に起用されたトランスジェンダーのディラン・マルバニーさんの動画です。

モーガン　バドライトは、日本ではバドワイザーで知られるアンハイザー・ブッシュ社が販売するライトビールです。マルバニーさんはトランスジェンダーとして、かなり有名です。
我那覇　ホワイトハウスに招かれたこともある人物です。話題になった動画はトランスジェンダーとしての日常を撮影したものでした。「今日はこんな服を着た」などと日記みたいに毎日更新していて、ある日の動画は、水着をどうやって美しく着るかという内容でした。
タックと呼ばれる技があるのですが、要は男性器を体内に押し込んでテープや接着剤で固定してパッと見、無いように見せるんです。そして水着を着て「ほら、きれいでしょ」などと喋るのです。
モーガン　タック水着は、完全にＬＧＢＴビジネスです。トランスジェンダー用のグッズを売ってお金を稼ぐのです。
我那覇　元男性のトランスジェンダーが女性のような水着を着る姿は、かなり違和感があります。しかもトランスジェンダーには水着を着ないで裸のまま、温泉や銭湯で女湯に入っている人もいます。
ゲイを公言している元参議院議員の松浦大悟氏は書籍『ＬＧＢＴの不都合な真実　活動家の言葉を１００％妄信するマスコミ報道は公共的か』の著者ですが、以前インタビューした際の話では、すでにそのような人々が日本の銭湯にも入っているそうです。私は銭湯が好きなのですが、最近は人のいないところを探すようにしています。

モーガン　水着を着なくてもバレないんですか。

我那覇　股間を隠すんです。女性ホルモンを投与すると胸が膨らんでくるので、一見トランスジェンダーとわからない人もいるようです。

モーガン　かなり内股で歩かないとバレる気もしますが、「パス度」が高いのでしょう。トランスジェンダーの間では「パス度」という言葉があり、どこから見ても男にしか見えない人は「パス度が低い」と言われます。パス度の高い人なら手術を受けなくても女湯に入れるのですね。

ビジネスに利用されるLGBT

モーガン　ここで、話をバドライトに戻します。トランスジェンダーをバドライトが起用したのは、商業的には失敗でした。彼はきれいなドレスを着て、髪形やメイクも決まっていて、私から見てもきれいだと思います。もともと男性だとわかるけれど、かなり頑張っています。

バドライトでは彼がトランスジェンダーになって1年が経つのを記念して、彼の顔をデザインした缶をつくりました。これがバドライトを飲んでいた人たちから猛反発を受けたのです。

とくにアメリカの南部でバドライトを飲んでいるのは、アメフトが大好きで仕事が終わってビールを飲むのを楽しむ、要はLGBTと正反対の男っぽい人たちです。彼らが憤ったのです。当時バドライトはアメリカで一番売れているビールでしたが、不買運動によって首位から陥落しました。たぶん市場を少しずつ変えたかったのでしょうが、これほどの反発があるとは思わなかったのでしょう。

バドライトに限らず、LGBTをビジネスに利用するケースは非常に増えています。先ほどのタック水着もそうで、ターゲットという全国の大手チェーン店がこれを子供に売ろうとして「子供にLGBTを押しつけるな」と親たちが反発する事件もありました。ターゲットが子供達をターゲットにしていることを受け、それを強く批判するラップグループがあります。彼らが作った反ターゲット曲がナンバーワンになりました。アメリカ国民がLGBTイデオロギーについて心の中で本当に何を考えているかを、表面化してくれた一曲です。

また私が子供の頃、マシュマロ入りの大好きなシリアルがありました。そのマシュマロの色が、結構前のことですが、急に虹色になりました。パッケージに描かれたロゴマークも虹色のオンパレードでした。

そうした中で私が危惧するのは、トランスジェンダーをはじめLGBTの人たちが「ビジネスの論理」に引き込まれることです。バドライトのマルバニーさんにしても、一人の人間で、みんなと同じ複雑な心を持っています。彼は自分がビール会社に利用されていることに、どこまで自覚的なのか。シリアル会社が、子供を狙ってビジネスを拡大しようとしていることに、両親達は気がついているのでしょうか。

ここで思い出すのが、ハリウッドで起きた「ミートゥー運動」です。

我那覇　ハリウッドの女優たちが、映画プロデューサーから性被害を受けたと告発したものですね。数十人の女性が「私も」と実名で公表して話題になりました。

モーガン　あの事件は、まさにハリウッドそのものです。ハリウッドで女優たちが性被害を受けるのはよくある話だと言われています。しかも、最近のことではないのです。ハリウッドは誕生からずっとそういうところだったのでしょう。つまり、女性を「使い捨て」するところで、女性を搾取・悪用するところです。そのことを知りつつも、それでもスターになりたくて来るのだから、これもビジネスです。「人はものを売るために存在する」というのがハリウッド流ビジネスの論理です。

このビジネスの論理は、全世界に拡大しています。みんなが自分の顔をネットにアップするのもそうです。ある意味、みんな自分の姿を売ろうとする売春婦のようです。そして、誰が儲かっているかというと、サイトなどを所有している「ヒモ」です。しかしそれでも人々はそのサイトを使っています。

我那覇　確かにみんな自撮りした写真をアップしています。

モーガン　たとえば今日食べたランチをアップする。これは孤独なのだと思います。一緒に食べる人がいないから「私を見て」とアピールしたい。

もし私が子供のときに自分が食べているディナーの写真をアップしたら、母はそれを見て「何やってるの？　誰に見せるの？」と聞くでしょう。母親が目の前にいたら、そんなことをする必要がないし、考えもしません。

我那覇　そうですね。

モーガン　そして、ビジネスの論理に翻弄されているのがＬＧＢＴの人たちでもあります。「自分の人生をデザインできます」と言われて整形手術をしたり、ホルモン剤を投与したりする。医者や製薬会社の食い物になっているのです。

我那覇　ただマルバニーさんを起用したバドライトは、先ほど言われたように不買運動が起きて売上げを落としました。

モーガン　確かに首位から落ちたまま復活していません。これで保守派は「自分たちが勝った」と喜んでいますが、じつはバドワイザーなど同じ会社が販売している他のビールの売上げは伸びています。

我那覇　そうなんですか。

モーガン　1社でいろいろな商品を販売しているので、全体の売上げはあまり変わらない。本気で戦いたいなら、自分でビールをつくるしかない（笑）。保守派はそこがまだわかっていない気がします。

我那覇　なんだかプロレスみたいですね。

モーガン　アメリカン・デモクラシーのようでもあります。保守を応援しているつもりで、じつはリベラルを応援することになったりしているのです。あと、不買運動で、逆に保守の弱さが感じられます。本当の問題は、ＬＧＢＴイデオロギーそのものですが、なぜか代理戦争のように、ビールをボイコットするという非常に間接的な行動をとることにします。つまり、アメリカの保守は、本気ではないことを物語っていますね。しかも、不買運動で一番目立っていた、自称保守系のアーティスト、キッドロックが、最近、公の場でなんとバドライトを飲んでいる姿が報道されました！　やはり、パフォーマンスですね。本質的な問題を摑んでいなくて、それを解決しようとはしていません。

✿ LGBTとSDGsの共通点

我那覇　企業が思想的なものを経営に利用するということでは、SDGs（持続可能な開発目標）もそうです。あれもイデオロギーの一種で、なぜ利潤を追求する企業があのような運動につきあうのか不思議でした。結局、投資が関わってくるようです。バドライトのアンハイザー・ブッシュ社もそうですが、世界的大企業になるとダボス会議などにも参加するようになります。そうなると世界で注目を集めるイデオロギーにも理解を示さないと、経営的に難しい仕組みになっているのです。

SDGsに取り組むことで投資が集まり、逆にやらなければ監査委員会などに注意される。世界最大の資産運用会社ブラックロックも、脱炭素やＳＤＧｓに貢献しない企業には投資をしません。

モーガン　ブラックロックはＬＧＢＴ支援も大きく打ち出しています。

我那覇　投資家がイデオロギーを押しつけてくると、企業としては従わざるを得ないのです。

モーガン　そうですね。第2章でキンゼイが自分の罪を隠そうとして、みんながやっているように見せかけて新しい道徳をつくろうとした、という話をしました。これまで当たり前だった道徳を覆し、「自殺防止のために、こういう嫌なことをさせなければならない」と主張した。「嫌なことを避けたければ、嫌なことをしろ」というわけです。

これはＳＤＧｓでいえばグリーンウォッシュ（上辺だけの環境への配慮）に似ています。たとえば石鹸をつくる会社は、製造過程で環境破壊につながる物質を排出します。それを隠すため、いかに自分たちが環境に優しい石鹸をつくっているかをアピールする。その石鹸会社の社長が雑誌やテレビのインタビューで、ちゃんとＳＤＧｓのバッジをスーツのラペルにつけます。綺麗事ですね。ＬＧＢＴへの理解を示すのも、その一環です。

実際は環境に優しくないのに「優しい」とアピールする。ＳＤＧｓはそのための便利なツールで、いわば誰でも使える〝フェイク道徳〟です。その意味でＳＤＧｓは、非常に速いペースで文明を壊すとても危険な存在です。

そしてウォール街にも嫌な部分がたくさんあります。人々が仕事を失うのもそうですし、マルバニーさんのように会社に利用された挙げ句、大バッシングを受ける人もいる。ウォール街は国さえもターゲットにします。アメリカのコンサルティング会社に勤めていたジョン・パーキンスの『エコノミック・ヒットマン――途上国を食い物にするアメリカ』は、そうした様子を描いています。ウォール街の意に沿わなければ、その国を潰す。

ただそんなことをすれば、どこかで気がとがめます。そんな自分をごまかすためにエセ道徳に励むのです。本物のアメリカ人保守系マイケル・アントンが、保守系雑誌『クレアモント・レビュー・オブ・ブックス』の２０１５年の記事で、こういうメカニズムを非常によく説明しています。アントンは、これを「サンフランシスコ価値観」と揶揄していますが、サンフランシスコだけではなくて、全国の問題となっています。日本にも「サンフランシスコ価値観」がだんだん流れてきているのです。

我那覇　自分をごまかすためなんですか？

モーガン　同時に周りもごまかす。ＬＧＢＴやＳＤＧｓは、まさにそうです。資本主義が工場から生み出したエセ道徳です。なかでもLGBTは本当に便利なイデオロギーなのです。

我那覇　私の好きな言葉に「地獄への道は善意で舗装されている」というものがあります。「よかれと思ってやってしまった」ということがあります。LGBTの人たちの大半もこうした実態を知らないだろうし、みんな優しいから人を傷つけたくないと思っている。そこを逆手に取られて、じつは恐ろしいことをさせられている。そこに企業が絡んでいるのであれば、本当に厄介だし悪質です。

モーガン　それは深いレベルでは西洋哲学も関わっていると思います。「全世界を救う」という救世主妄想が西洋哲学には潜んでいます。アジアの人たちにはあまり感じませんが、西洋人は善意のつもりで、自分たちの価値観を全世界に押しつけます。

まさに大英帝国そのもので、当時の大英帝国は「全世界に文明を教えてやる」と本気で思っていました。その精神を受け継いでいるのが、いまのアメリカです。

ただしインドやアフリカといった土地を支配するのではなく、情報で全世界を支配しようとしている。ワシントンもウォール街もそうです。「LGBTのため」「女性を守るため」などと言いながら、やっていることがどれだけ人々にダメージを与えているか見ようとしていない。

実際にはＬＧＢＴによって、想像を絶する数の世界中の男の子がペニスを切られている。女の子が胸を切られている。子供がホルモン注射を打たれている。恐ろしいことが行われているのに、見ようとしないのです。

❀ 埼玉県ではすでに始まりだした

我那覇　さてここからは、これまで述べてきたようなアメリカの怖ろしい出来事が、いよいよ日本でも始まろうとしている、と警告させていただきます。

日本でいち早くＬＧＢＴ推進にむけた取り組みを行っているのが、埼玉県です。２０２２年６月に「埼玉県性の多様性を尊重した社会づくり条例」が成立し、７月から施行されています。

この条例の危険性を懸命に発信しているのが、富士見市議会議員の加賀ななえ氏です。あるときツイッターで動画を公開し話題になりました。「埼玉県の条例についてのパブリックコメントで安全を求める女性の声が差別として扱われていたのを目の当たりにしました。支援に携わる方に心は女性、体は男性の方が同じ女性トイレに入ってくることは私も怖いと感じると伝えたところ、それはあなたの男性恐怖でカウンセリングが必要だと言われました」と自身の体験を交え問題意識を訴えたところ、ＬＧＢＴ団体の活動家に激しく攻撃されたこともあったようです。

いまも発信を続けられていますが、加賀氏が危惧することの一つに「性の多様性に関する理解増進の取り組み」を実施する学校の割合が１００％だったことが挙げられます。

モーガン　埼玉県すべての学校が実施するということですね。どんなことを行うのでしょう。

我那覇　外部講師による講演と称して、活動家の人たちが「体の性と心の性は全部グラデーションです」と洗脳に来るのです。埼玉県にはこれほど怖ろしいイデオロギーが堂々と入りだしているのです。

モーガン　なぜ埼玉県なんですか。

我那覇　なぜ埼玉なのかは分かりませんが、『産経新聞』２０２２年７月４日の記事で報道されているように条例案とりまとめの中心人物である田村琢美県議は自民党の稲田朋美元防衛相に近く、稲田氏の「埼玉後援会」の会長を務めています。このつながりは興味深いです。

モーガン　もはや自民党は「テロ組織」と認定したほうがいいぐらいです！

我那覇　実際、子供に対するテロです。学校で相談も受けつけるとして、スクールカウンセラーやスクールソーシャルワーカーなどを派遣し、教育相談体制を整備するともあります。

先ほどからご紹介しているように、スクールカウンセラーやスクールソーシャルワーカーは危険です。「この子は自殺しかねない」「この子を守る」などと言って親から子供を奪うことにもなりかねません。

モーガン　カリフォルニア州の子供や親たちと同じことが、埼玉県で起きかねないのですね。許せない事態です。

我那覇　「性的指向や性自認に関する悩みや不安に対応」とありますが、実際は心の悩みを心の悩みとして扱わず、「あなたは心と体の性別が違うんです」と洗脳する。本来やるべき過程を全部すっ飛ばすのが、彼らのやり口です。これでは不安の解消ではなく、悩みを解決させない窓口をつくったのと同じです。

❀ CIAも日本のLGBTにアプローチしている？

モーガン　傷口に塩をふりかける窓口ができたわけです。それはケアではない。ひどい話です。埼玉県の問題は、エマニュエル大使も関わっているのでしょうか？　元参議院議員の松浦大悟氏は、アメリカのCIA（中央情報局）が自分にアプローチしてきたとは本などで書いています。

我那覇　松浦氏によると、アメリカによる行政への介入は今回始まった話ではなく、以前から着々と準備が進められているようです。アメリカ国務省主催で、LGBTの教育研修が行われたこともあります。大使館などが目ぼしい日本人をピックアップして、アメリカに招待するのです。

松浦氏もそのうちの一人で、1カ月間の滞在中、クレジットカードを渡され、生活費も含め、その間にかかる費用を全部負担してもらったそうです。参加者の中にはLGBT活動家となっている人たちもいました。

また訪米前に開かれた交流会には白人男性もいて、彼がメンバーを選んだと教えてもらったそうです。そして後日、彼が松浦氏の行きつけのスポーツジムに現れた。「偶然だね」と言われたけれど、偶然ではなく、いろいろ調査していたのだろうとおっしゃっていました。ＣＩＡかもしれないと。

以前モーガン先生から、いま行われているＬＧＢＴ運動は「カラーレボリューション」とお聞きしましたが、まさにそのとおりです。カラーレボリューションで活躍する人たちを育て上げ、革命を起こそうとしているのです。

モーガン　そのとおりです。早稲田大学教授で歴史・政治などの研究家・有馬哲夫氏も指摘していますが、ずっと以前からアメリカのＣＩＡは、日本国内でそのような企てを行っています。日本のメディアや政治家を傀儡化するのも、その一つです。

そのためのイデオロギーが昔は「反共」でしたが、いまは「反人」になっている。共産党ではなく、人間そのものが敵。その煽動者がＬＧＢＴ活動家として日本にいるのです。

2025年度から津田塾大学は共学になる⁉

我那覇　日本で始まっているもう一つのケースが津田塾大学です。

モーガン　津田梅子が明治時代に創立した伝統的な女子校ですね。

我那覇　受験資格者としてトランスジェンダーも認めるというのです。ホームページに掲載されている6月23日付の「2025年度入試からのトランスジェンダー学生（性自認による女性）の受験資格について」という発表には「2025年度入試より多様な女性のあり方を尊重することを基本方針とし、女子大学で学ぶことを希望するトランスジェンダー学生（性自認による女性）にすべての学部、大学院研究科にて受験資格を認めることといたしました」と書かれています。

モーガン　それだと女子だけでなく、性自認が女性の男子も入ってくるかもしれない。学生はそのことを受け入れているのですか。

我那覇　正式発表に先立って説明会が行われましたが、参加した現役学生に話を聞きました。彼女によると、すでに結論ありきの説明会だったそうです。

参加したのは50人ぐらいで、説明が終わったあと、けっこうな数の反対の声や質問があったそうです。たとえば女子大だから、そもそも男子トイレの数が少ない。学校の規模が小さいので、設備にそれほどお金をかけられない。そうした中でトイレの問題をどうするのかと。納得できる回答はなかったようです。

モーガン　とても重要な問題なのに。

我那覇　また彼女曰く、２０２３年4月に入学してきた学生は、この決定を知らずに入学を決めたことになります。トランスジェンダー学生が入ってくるのは２０２５年以降なので、このとき彼女たちはまだ在籍しています。大学在籍中にトランスジェンダー学生が入ってくるのは、彼女たちにとって不意打ちな話で、これも大きな問題です。

たとえばホームページには体育のときの更衣室について「個人で利用できるスペースも用意しています。また『多目的トイレ』が小平キャンパスの各校舎に設置され、着替えボード付きの個室もありますので、必要な場合は利用することができます」とあります。つまり「女性用は使わせない」とは書かず、曖昧にしています。見ようによっては「女子更衣室を使ってもいい」とも取れる。

女子校には、あえて男子がいない環境を求めて入ってくる学生もいます。過去に男性に襲われたりして、男性恐怖症になっている人もいます。そうした学生のことが考慮されていません。

しかも説明会があったのは5月で、決定の発表は、大学が夏休みに入ったばかりだったそうで学校が閉まっているから、学生が抗議しようもなかったと憤っていました。

モーガン　ずるいですね。

我那覇　そうなんです。夏休みが終わってまた9月に説明会があるそうです。彼女は在校生としてネット上で声を上げたのですが、「法的処置をします」と脅すようなメッセージが来たそうです。

モーガン　活動家からメールが届くのですね。反対すれば訴えられるかもしれない。

我那覇　だから危なすぎて、本名を出して抗議できないと言っていました。

モーガン　こんな事態は、とても日本での出来事とは思えません。でもこれも民主主義ですから、津田梅子が１００年以上前にアメリカから持ち帰ったデモクラシーが、やっと芽生えたとも言える（笑）。

我那覇　また先程紹介した発表の「授業での呼称」という項目には「自分が呼んでほしい代名詞へ変更することができます」とあります。でも日本語で「彼」「彼女」といった代名詞はあまり使いません。「何々さん」と名前で呼びます。こんな表現をするところにも違和感があります。

モーガン　日本人が自分の頭で考えた文章とは思えない。

我那覇　さらに「性自認のゆらぎについて」という項目に驚くべきことが書かれていま

す。「自認」だから、途中で「女だと思っていたけれど男です」といったケースも考えられます。そうなった場合は、そのまま在学していいというのです。

モーガン　えっ、「また男に戻りました」と言っても在学を認められるのですか。

我那覇　はい。つまり普通の男性も通う共学校になるのです。

モーガン　もう津田塾大学は女子校としての意味がなくなったのですね。しかも、もし私が変態で女性をターゲットにしたいと思ったら、津田塾大学を選びます。

我那覇　ハーレムですからね。

モーガン　あまりに無防備です。カリフォルニア州で起きていることが、津田塾大学でも起こらないか心配です。

❀〝第二の杉田水脈〟を出してはいけない

我那覇　また私は日本独自の問題として、ＬＧＢＴ問題について懸念していることがあります。コロナ禍や先の大戦の際にもそうでしたが、社会に何か害毒が及んだときです。ほかの国は反撃して、それがなくなっていきます。

ところが日本の場合、害毒がなくなっても、一度始めたものを守りつづけるのです。憲法9条もそうです。日本社会はいまだに、敗戦国としての価値観を引きずっています。日本だけが、間違った認識に対して見直しを図ろうとしないのです。

ＬＧＢＴ問題も、アメリカでは14州がＬＧＢＴに関する教育をストップさせるといった動きが起きています。これに対し日本は、いったん始まってしまうと、もう止められない気がするのです。

そう考えると、ますます絶対に入れてはいけない。一度入れてしまえば、日本人の性質として、どこまでも進んでしまう。これが海外よりも、いっそう怖い点です。

モーガン　だからこそ我那覇さんのように「ＬＧＢＴは危ない」と警告することが大事になります。ただ我那覇さんは、こうした活動をしていて危険はありませんか。私は外国人なので、とくに危険を感じることはありませんが。

我那覇　いまのところ脅しはないです。

モーガン　先日、長野の松本市に講演に行ったとき、講演が終わると50代ぐらいの男性が挨拶に来られました。彼は長くガードマンをやっていて、万が一、変な人が現れたら守るつもりだったと。かっこよくて非常に感謝ですが、ガードマンが必要なくらい、やはり最近の日本は変な人が増えている気がします。

私はアメリカでいろいろな勢力と戦いましたが、とくに怖かったのがマフィアとつながっている労働組合です。ただし彼らから直接何かされたことはありません。ところがＬＧＢＴの人たちは、実際に行動に出ます。みんなで共有する大学院のメールに「一線を越えたらどうなるか、わかっているな」と書き込まれたこともあります。

私を脅したのはレズビアンの女性ですが、大学院の予算が大幅カットされる中、彼女が大学院で、農家をやっているレズビアンに関するドキュメンタリーを上映したいと言って、私は、大学院の予算がなぜバサッとカットされたか、このような優先順位を見ればわかると書いたのです。政策上の問題点を指摘しているだけなのに、すぐにエスカレートして脅しをかけてくるのです。

おそらく彼女はこうすることで、仲間うちのヒーローになれるのでしょう。２０１８年に自民党の杉田水脈議員が「ＬＧＢＴは生産性がない」と『新潮45』という雑誌に寄稿したときも、対抗勢力の人から杉田議員がものすごい攻撃を受けました。しかも、自称保守系のほとんどが、杉田先生を見捨ててしまいました。杉田先生は日本の自称保守系の臆病を初めて味わったことかと思いますが、その後も、日本の保守系がどれだけ臆病なのか何回も見てきています。アメリカ保守系と同じレベルで悲しいことです。杉田先生の件以来私は「日本がどんどんアメリカ化してしまった」と怖くなりました。それで我那覇さんのことも心配になったのですが、何もなくて安心しました。

我那覇　あとでもお話ししますが、ＬＧＢＴ問題にも詳しいアメリカの研究者のステラ・モラビト氏は、ＬＧＢＴ問題から子供たちを守るにあたり「誰かが声を上げたときに、援護射撃をすることが大事」とおっしゃっていました。その意味で〝第二の杉田水脈〟を出さないことは大事です。

モーガン　杉田議員の提言は正しいのに、掲載誌まで休刊を余儀なくされました。「あれはひどすぎる」と保守派の政治家に言うと、「もっと慎重にやればよかった」と言うだけでした。私はあらためて保守派にがっかりしました。保守派の人々は何も保守してくれません。

我那覇　確かに、そういう言い方をよくします。「見ざる、聞かざる、言わざる」なのです。

モーガン　だから私は脱保守しました。

我那覇　真の保守になる。

モーガン　いえ、ただの右翼です（笑）。右翼は面白いです。いろんな考えがあります。かなりバラエティに富んでいます。

❀日本の純真な子供たちを守れ

我那覇　モーガン先生のご指摘は大事です。日本の保守派は、まったく戦おうとしません。反撃しないだけでなく、はしごを外しもする。黙っていること自体が敵を助けることになるのです。

モーガン　杉田先生とは一度だけ、数秒だけですがお目にかかったことがありますが、私は彼女を尊敬しています。非常に勇気のある方です。

我那覇　ＬＧＢＴ法案でも、自民党議員なのに賛成票を投じなかった。あれだけマスコミなどから叩かれ、自民党の先輩議員からもいじめられたのに屈しなかった。これは讃えられるべきです。

あと、モーガン先生が「チャンネル桜」で「日本は侍の国だろう。日本の男たち、どうした」などと話されていたのにも感激しました。海外に行ったときにツイッターで短い動画が流れてきて、泣きながら見ていました。

モーガン　日本は本来とてもいい国なんです。先日あるテレビ番組で、石川県から東京まで氷を運ぶ実験をやっていました。江戸時代に加賀藩が、冬にできた天然氷を夏になっても江戸に運んでいたそうです。それが実際に可能か試したのです。

自転車でリヤカーを引き、その上に氷を載せて運ぶ。途中、赤信号で止まっていると、通りかかった人が声をかけてきます。「東京まで氷を運んでいます」と答えると「頑張ってね」と応援してくれる。こんなのは日本だけです。アメリカだと1日で強盗にあっていますね。

我那覇　確かに知らない人が近づいてきたら怖い。「大丈夫かな」と不安になります。

モーガン　また夜リヤカーを宿泊先のホテルの前に置いておくと、翌朝もそのまま残っています。これもアメリカではあり得ません。5分で盗まれます。

こんな素晴しい国をなぜ守らないのか。なぜこの素晴しい国の防衛を、日本人に対してジェノサイドをやった輩にお任せしているのか。保守派が一番嫌がる奴らに売ってしまうのか。本当に何度もがっかりしました。いわゆる保守派を見れば、LGBTイデオロギーがなぜ簡単に日本に入ってきたかすぐ分かります。拝米勢力は、それにすぐ唯々諾々とイエスを言ってしまったのです。

我那覇　日本の文化や社会規範はもちろん、目の前の女性や子供を守らなければなりません。

モーガン　クワガタなどが大好きな日本の純真な子供たちを守るべきです。この間、蝶々を追いかけている子供がたまたま私の前を走りすぎた。彼は蝶々に夢中になっていて周りをいっさい見ません。そんな子供の純粋な心を守りたい。

我那覇　私も最近、小さな姉弟の動画を見て「これが子供だ」と感動しました。お姉ちゃんが大きなシーツを弟の前に広げマジックを披露します。弟はすかさず隣の壁の後ろに隠れます。得意げにお姉ちゃんはシーツを上げ弟が消えた！　と演出をするのですが、弟のお尻がはみ出ている。頭隠して尻隠さずです（笑）。それに気づいたお姉ちゃんがお尻を蹴飛ばして隠そうとするのです。子供の純粋さがなんとも愛おしく、この無垢な子供の心を壊してはいけないと思います。

ＬＧＢＴ法には「知識の着実な普及」という項目があり、そこにも学校は児童に対し、ジェンダーアイデンティティの多様性に関する理解を深める教育を行うとあります。

これまでご紹介した悲惨な親子の話、挙げ句の果てに命まで落としてしまった娘さんの話につながる洗脳が、税金を通してわが国でも行われる法的根拠ができてしまったのです。このことの重大さに、ぜひ気づいてほしいと思います。

国民はみな忙しいので、条文一つひとつにまで目を通すのは難しい。活動家はそこにつけ込んできます。我々はアメリカでの実態などを知ることで、子供を守っていくことが大事です。

第4章

グローバリストに利用される人たち

❀ ゲイは「迫害された人たち」ではない

我那覇　前章までＬＧＢＴがアメリカでメインカルチャーになり、それが日本にも浸透し始めている現状を議論してきました。

アメリカがＬＧＢＴに寛容なのは、かつて彼らが迫害されていたからという人がいます。彼らの権利を守るために同性婚をはじめ、さまざまな法律ができていった。でも実際は違うと、モーガン先生から以前伺いました。そのあたり、もう少しお聞かせいただけますか。

モーガン　昔からアメリカにゲイはいました。たとえば19世紀のアメリカの詩人ウォルト・ホイットマンは、アメリカの教科書に必ず登場する有名人です。その彼の詩は時々男性への愛をうたいます。

ホイットマンの詩の一部は、ふつうに読むだけではゲイの意味が含まれるかはわかりませんが、斜めから読めば、わかる人にはわかるように書かれています。

ただし当時のゲイは秘密結社のような存在で、多くは特定のクラブなどを利用していました。そんな彼らが急拡大するのが、第二次世界大戦です。そこで多くの男が軍に動員された。軍隊内は男ばかりですから彼らは大喜びした。そして戦争が終わっても軍事基地がゲイ同士のつきあう場になっていった。おそらくアメリカ史上初めて全国から来るゲイの人々が簡単につきあえる社会が生まれた。そうしてゲイ文化が拡散していくのです。

当時の俗語などを見ればゲイの発展が少し分かります。1939年に公開されたジュディ・ガーランド主演の映画『オズの魔法使』がありますね。主役のドロシーが好きな人は、ゲイと言われています。ゴージャスな服やピカピカの靴は彼らの好みなんです。また、映画の中、いくつかの「二重意味」と捉えられる発言やシーンがあって、ホイットマンの詩と同様、斜めで解釈すればゲイに対する隠された意味が出る場合もあります。こういったことから、「あなたはドロシーが好きですか?」と聞かれて「はい」と答えたら、それはゲイを意味します。

我那覇　ゴージャスな服装が趣味に合っているとは、ドラァグクイーンに通じるものを感じます。男性なのに化粧をして、ハイヒールやゴージャスなドレスを着るような人たちですね。

モーガン　そうしたサブカルチャー的なものがずっと続き、迫害されているというより、自分たちが独自の文化を持つことを自慢していたのです。明らかにゲイとわかる人たちが着るレザーベストやレザーの帽子もそうです。

いまもサンフランシスコなどでよく見かけますが、レザーベストの下にシャツなどは着ないで腕を剝き出しにする。「我々はゲイだけど、男だぜ！」「オカマだけど、タフだぜ！」などとアピールするのがゲイのカルチャーです。「ゲイこそ男の中の男」というのが彼らの考えです。

一方で彼らの一部はレズビアンが嫌いです。ゲイの一部は女性が嫌いだからレズビアンも嫌いなのです。同様にレズビアンの一部もゲイが嫌いです。男性が嫌いだったり、男性を怖がっている人が多いです。

レズビアンの世界でも女性同士のクラブのようなものがあり、こちらもサブカルチャーとしてずっと続いてきました。そんな彼女らが迫害されていたというのは、少し違う気がします。

我那覇　それぞれが自分たちの文化の中で生きていて、迫害されていたわけではないのですね。

モーガン　彼らが法律に反すること、たとえばクラブの中で性行為をした場合、警察が来て「お前ら、やめろ！」などと言って殴ることはあるでしょう。でもこの場合、問題があるのはゲイのほうです。公の場でオープンに性行為をすれば、それはゲイかどうか関係なく、逮捕されますからね。

我那覇　なるほど。

昔からのゲイはメインカルチャーとなることを望んでいない

モーガン　そんな彼らに転機が訪れるのが、1965年にニューヨークで起きたストーンウォール事件です。ニューヨークのゲイバー「ストーンウォール・イン」で、踏み込んできた警察官に対してゲイたちが暴動を起こした。これを機に「俺たちはゲイとして社会の一員として認めてもらいたい」という運動が活発化するのです。

その結果、同性愛者同士の結婚が認められますが、これは昔からゲイだった人には不評なんです。

我那覇　ゲイは必ずしも同性婚を望んでいないのですか。

モーガン　彼らの多くは社会の一部になりたくないのです。「我々のサブカルチャーは、体制側に手なずけられたくない」というわけです。体制側の常識に従わないのが彼らのアイデンティティです。

我那覇　「アウトローがいい」と。

モーガン　だから変な格好もするのです。もちろん、みんなはそうではないですし、そんな派手に「俺はゲイだ！」と目立ちたくないゲイもたくさんいます。が、いかにもゲイといった格好ではスーパーでブロッコリーを買うといった、ふつうの生活はできません。彼らの居場所はゲイバーぐらいで、「それがいい」と考える人たちには同性婚は認められないのです。

ところが同性婚が認められたことで彼らはふつうの存在、つまりカルチャーの真ん中になってしまった。それどころか彼らを崇拝する風潮さえあります。この状態はマズいと思っているゲイやレズビアン、トランスジェンダーの人は少なくありません。ある意味、アメリカのリベラル体制が彼らを虜にしたわけです。ゲイ・レズのサブカルチャーが、リベラルのメインカルチャーに負けてしまったのですね。

一方でトランスジェンダーについては、ゲイやレズビアンの一部は彼らを認めていません。レズビアンは、そもそも男が好きではない人が多いです。彼女たちは男がすべて嫌いです。男が長い髪のカツラをかぶり、ドレスを着て「私は女です」と言ったところで、とても同類とは思えない。「いい加減にしろ!」と反発しているレズビアンもいます。「男が私たちのステージに勝手に入ってくるな!」というわけです。

だからトランスジェンダーに対しては、レズビアンが最も否定しています。そう考えるとLGBTというカテゴリーは、そもそも存在しないのです。いろいろなサブカルチャーを無理やり一つのものに合流させただけです。それをメインカルチャーとして扱うのは無理があります。

我那覇　そうですね。

❁ 共産主義者だった戦後のゲイ

モーガン　ただ一方で、戦後のゲイたちから現在のLGBTにつながる流れが生まれたのも確かです。戦後、彼らの大半は共産主義者になります。アメリカで共産主義を素晴しいと考えていた人は「自分はファシズムと戦っている」と思っていました。

ファシズムは国家が個人の上に存在してコントロールする政治体制で、ナチスのアドルフ・ヒトラーもそうです。ドイツのため、または自国のために国民は死ななければならない。「国家は永遠に続く」というヘーゲル的な考え方です。

そのファシズムと戦ううえで、一番重要なのは「個人個人を大切にすること」と考えました。そこから「みんな違って、みんないい」という考え方も生まれてきたのです。アメリカでも日本でも、フランクフルト学派という、文化マルクス主義を発展させたグループが注目されていて、そのグループが重要な役割を果たしたのが事実です。実は、共産主義の中からそういった、社会の秩序・国家の保護などに対して反発して、ゲイとのつながりをもつ人々が自然に、有機的に出てきたのです。ちなみにフランクフルト学派の人々は、今のトランスジェンダーの動きを見れば、多分、猛反対していると思います。

それから、今のトランスジェンダーの動きを見ればよくわかることですが、共産主義はファシズムの敵と思われていますが、実はファシズムの一種です。ソ連のヨシフ・スターリンもそうですし、中国の毛沢東もそうです。LGBTイデオロギーを推している輩も、国家の力を使って国民を洗脳しているのです。イデオロギーのため、子供の性器などを切除しているのです。

我那覇　確かに、そうです。

モーガン　ただ戦い方が違います。共産主義者は個人個人の集まりになる。国のない、家族のない、労働から「疎外された」個人個人です。ＬＧＢＴはまさに共産主義者の典型です。ＬＧＢＴは、まったく新しい性のカテゴリーをつくっています。昔の共産主義は「労働」を使って人間の新カテゴリーを作って、それを使って人間をコントロールしていましたが、ＬＧＢＴは性の新カテゴリーを作ってそれを使ってコントロールをしています。伝統的な社会に生まれ、伝統的な言葉を話し、伝統的な宗教を信じる。そうしたことをいっさい捨て、ＬＧＢＴという「まったく新しい人類」として生まれ変わろうとしています。

自分の育ちや親から受け継いだもの、社会の伝統や慣習などをすべて捨て、一方で「自分は迫害を受けている」と訴える。共産主義者も、労働者が被害者だという意識を強く煽っていました。まさに、その意識を持っていない労働者は偽意識を持っていると、そこまで物事を捻じ曲げて考えていたのです。ＬＧＢＴのギャングも同じふうに、意識と偽意識というやり方で人の考え方を歪曲しているのです。アメリカにおけるＬＧＢＴ運動は、そういう考えから始まったのです。その意味では、我那覇さんが言われた「ＬＧＢＴは迫害されていた」は真実でもあります。

我那覇　なるほど。そういう構図になるのですね。

✿ゲイを「ラディカル・フェアリー」と呼んだハリー・ヘイ

モーガン　また彼らは１９５０年に「マタシン協会」というコミュニティをつくります。マタシンはアラビア語で「亀を被る」という意味です。中世フランスでは「亀のお面を被ってイタズラをする」という意味で使われていました。おそらく当時のフランスに、ゲイの文化があったのだと思います。当初マタシン協会のゲイたちは、スーツにネクタイといったオーソドックスな格好でした。ちなみにマタシン協会のメンバーはほぼ全員共産主義者です。

マタシン協会の設立者の一人、ハリー・ヘイは、いまもゲイのシンボル的存在です。ヘイは２００２年に90歳で亡くなりますが、１９６０年代、彼が50代の頃からずっと女装をしていました。

ヘイは１９７９年頃から、自分たちを「ラディカル・フェアリー」と呼ぶようになります。フェアリーとは妖精で、ゲイの世界で女らしいゲイに使う言葉です。そして「仮面を

ハリー・ヘイ

被るのをやめて、ゲイとして社会の中で生きていこう」と主張します。

これは「個人として認めてもらおう」ということです。ただしアメリカ社会はファシスト社会だから、他の迫害を受けている人たちと一緒に戦う必要がある。ここで模範としたのが黒人です。

黒人には話し方をはじめ独特のスタイルがあり、自分たちも黒人に倣おうとした。迫害されているマイノリティとして黒人やゲイ、さらには女性なども一緒に戦おうと考えた。そこから「インターセクショナリティ」という考え方が生まれます。

我那覇　インターセクショナリティ？

モーガン　「交差性主義」の意味です。あらゆる迫害を受けている人たちが一緒にチームを組み、ファシストのアメリカ社会と勝負する。「私は妖精」「あなたは黒人」「あなたはレズビアン」「あなたは体が不自由な人」「あなたは自閉症」など、アメリカ社会が排除しようとしている存在であれば、一緒に戦いましょうと。

これは共産主義者がファシズムと戦うやり方でもあります。アンティファ、つまりアンチ・ファシストがつねにトランスジェンダーやゲイを支持するのも、ファシズムと戦っていると考えているからです。

我那覇　つまりインターセクショナリティは「マイノリティが集まって闘争しよう」という革命の方法論のようなものですか。

モーガン　まさにそうです。日本の近い将来が見えてきたでしょう。社会分断の先に、社会混乱が迫ってくるのです。

問題は、昔、共産主義はゲイを認めていなかったことです。古いスタイルの共産主義では、ゲイを敵視している傾向が強いのです。ベトナムもかつてそうだったし、中国はいまだゲイがあまり前に出ていないのです。ゲイは必ず社会を壊すからです。

我那覇　闘争の邪魔ということもありますね。

モーガン　ハリー・ヘイも長く共産党の一員でしたが「私はゲイとしてオープンに生きたい」と言って党を辞めます。自分がゲイと知られたら党が困るというわけです。つまり当時の共産党は、ゲイを認めていなかった。それが途中でゲイの可能性に気づき、革命のために共闘していくのです。

我那覇　彼ら不満分子を集めて社会を壊す原動力にしようと。

モーガン　そういうことです。

❁民主党の主張に共和党も同意する理由

モーガン　またキンゼイの弟子の一人に、男性誌『プレイボーイ』の創設者ヒュー・ヘフナーがいます。彼は「自分の性欲に従いましょう」ということで『プレイボーイ』を発刊するのです。

これがアメリカ中に影響を与え、多くの人が性欲を解放するようになりました。そしてファシズム社会だったアメリカは壊れていくのです。そういった狙いが込められていたのです。

我那覇　そういう歴史があるのですね。

モーガン　ちなみにヘイの趣味は児童性虐待です。彼自身、14歳のときに25歳のゲイから虐待を受け、以後彼もゲイになるのです。

我那覇　彼にも心理的トラウマがあった。

モーガン　そうです。彼は「ノースアメリカン・マンボーイラブ協会」の会員でもあります。

我那覇　そんな協会があるのですか。

モーガン　「子供とセックスして何が悪い？」と考える人たちです。キンゼイもそう言っていたし、ヘイもそう言っています。

ゲイには「同性婚を認めよ」と要求する人たちもいましたが、我々伝統派は彼らが同性婚だけで終わるはずはないと思っていました。その先は必ず児童性虐待に行き着きます。実際、国連も認めだしています。「子供とセックスしても、それは性愛の一つの種類です」と。

我那覇　国連といえば、確か結婚年齢を引き下げるという話を聞きました。

モーガン　だんだん下げようとしています。たとえば18歳に満たない、17歳や16歳でも自分がしたいと思えば犯罪にはなりません。「16歳でＯＫなら、15歳はどうですか？」「14歳は？」「13歳は？」と、どんどん下がりかねません。

先に述べたように、キンゼイに「データ」を与えてくれた人は生後2カ月の赤ちゃんを性虐待しています。赤ちゃんの性器を触り、オーガズムに達するまで何秒かかるかを計る。そんなことを赤ちゃんが望むはずありません。ところが彼らはこれも愛の一種で、よいことだと言うのです。これがゲイのリアルで、いま進行中のカラーレボリューションも、そちらの方向に向かっています。

我那覇　行き着く先は児童性虐待。それは絶対に止めなければなりません。このことはもっと強く訴える必要があります。

モーガン　ここで注意したいのは、提唱するのが共産主義者でも、賛成するのは保守派ということです。まさに日本でも同じで、私は２０１７年に麗澤大学の助教として日本に来たとき、共産党のポスターに描かれた虹色や「ジェンダー」「平等」といった文字を見て「日本でも始まった」と思いました。

我那覇　当時から日本の共産党はＬＧＢＴの考えに賛同していたということですね。

モーガン　ところが２０２３年になって、自民党がＬＧＢＴ法案を通してしまった。アメリカと同じパターンです。アメリカでは共産主義者が先に「こういうことをやりましょう」と言いだし、民主党も同調、共和党はまったく相手にしませんでした。ところが10年経つと、共和党が「これは人権問題である」と言いだし、「自由を拡大するため」として彼らをかばいだすのです。

我那覇　なぜ、かばいだしたのですか。

モーガン　共和党議員も結局はただの政治家で、嘘をついて仕事をしています。政治家ならずとも、一般アメリカ人として児童性虐待など認められるはずありません。でも共和党の政治家に、道徳心はほとんど存在しません。「あなた方の一票をください」と言うために「私は家族を守ります」と言っているだけです。

でも実際にお金をもらえるのは国の仕事をしているからで、そこにはグローバリストの基金も入っています。

我那覇　ロックフェラーとか。

モーガン　結局、民主党も共和党も同じところからお金をもらっているのです。だから民主党に「同性愛者は社会のルールを守って結婚しているのだから、彼らを守りませんか」と言われたら、共和党も協力する。共和党の中には同性婚を認めて、「家族の種類が増えるので、私はちゃんと家族を守っています」と自慢する政治家もいるほどです。嘘ばかりですが、嘘をつけばつくほど、グローバリストからマネーが滝のように流れてきます。

我那覇　お金の出所の意向に従わざるを得ない。

モーガン　民主党は革新派、共和党は保守派に見えますが、じつは協力関係にある。コインの裏表の関係です。日本の政治も、まったく同じパターンになってきています。

我那覇　ユニパーティ（Uni＝一つの Party＝政党）という言葉を聞いたことがあります。

思想は〝道具〟に過ぎない

我那覇　結局ＬＧＢＴの人たちは、グローバリストに利用されている。その意味では右も左も一緒で、プロレス的な予定調和な世界でやりあっているということですね。

私は以前「左翼は人としてなっとらん！」と思っていて、逆に「愛国者で日の丸が好きな人は、人格も素晴しい！」と妄信していました。でもいろいろ知るにつれ、「日本を守る」と言っていた人が実際には日本を壊しているように見える。「これはどういうこと？」と問題意識を持つようになり、しだいに自分の世界観が間違っていたと気づきました。

そこからグローバリズムやＬＧＢＴについて、モーガン先生が言われるような構造がわかるようになりました。私なりの理解を言うと、自民党の政治家がＬＧＢＴ問題の推進に積極的なのは、アメリカからの外圧、そしてもう一つはお金の問題です。ＬＧＢＴ問題の背後には巨大なビジネスがあります。医療産業や教育ビジネスそして巨額の資金をばら撒く慈善団体です。法的根拠を作ることでこの流れがより巨大化し、票田が拡大していきます。

そしてお金の流れと共に起きているのはソーシャル・エンジニアリングと呼ばれるところの社会改革です。第2章で紹介したマイケル・ヨン氏は、元グリーンベレー（アメリカ陸軍特殊部隊）で、革命について研究された方です。

そこから教えていただいたのが、人を動かすＭＩＣＥ（マイス）と呼ばれる考え方で防諜の世界ではよく言われる事のようです。人が行動するときの4つの動機の頭文字をつなげたもので、「Ｍ」はMoney、つまり「お金」で、政治家はこれに当てはまるケースが多いと思います。企業もマネーの部分が大きいと思います。

次の「Ｉ」はIdeologyでつまり「思想」です。私のような政治に関心のある人は要注意だと自分で思っています。お金では動かないけれど「国を守るため」などと思想的なところで騙されかねない。保守的な考えが強い人、左派的な考えの強い人に対しては、思想的な部分で操るのが効果的なんです。

「C」はCoercionあるいはCompromiseで「強制または妥協」です。相手の弱みを握るなりして、脅して従わせる。最後の「E」はEgoで「承認欲求」。つまり相手の「認められたい」という気持ちを満たすのです。これらを人によって使い分け、懐柔していく。自民党の政治家もお金だけでなく、思想や承認欲求で動いている人もいると思います。

その一方、共産主義や民主主義、「左」や「右」と言われる思想は、どちらも〝道具〟になると思うのです。いまあるものを引っくり返すのが目的だから、それが右でも左でも何でもいい。

たとえばハンガリーのような昔からの宗教的伝統を守る国を転覆させたいときは、自由主義あるいは左派的な考えを持ってくる。逆にソ連のような共産主義社会を引っくり返したいなら、民主主義の思想を持ってくる。

モーガン　そのとおりです。

我那覇　どちらがいい悪いという話をしているのではなく、思想が国家を転覆させるための道具と考えればわかりやすい。古くからあるものを揺さぶるために、違うものをぶつける。民主主義も武器になれば、共産主義も武器になる。その意味では、どちらも同じなのです。

私は「人権」や「自由」という言葉はあまり好きではありませんが、全体主義に侵されないために、人の権利やプライバシーを守ることは大事です。ただこれを道具として使うのは問題です。どんなものも毒にもなれば薬にもなりますが、たくさん入れたら毒にしかなりません。それと同じことだと思います。

❁ 我々は心理攻撃を受けている

モーガン　日本でもアメリカでも、自分のイデオロギーを通したいときによく使う手法が「個人」を隠れ蓑にするというものです。アメリカのＬＧＢＴが自分たちを認めさせるために使ったのは性や共産主義といった思想でなく、「私はゲイです」と個人としての立場でカミングアウトさせることでした。
カミングアウトする人が増えれば増えるほど、「ＬＧＢＴに反対です」と言うと「ゲイである私を否定するのか」「私の息子はゲイです。私の息子を否定するのか」といった話にしやすくなります。そして「否定＝暴力」としてしまうのです。特にひどいのは、ＬＧ

BTイデオロギーの輩が未成年の人々を洗脳していることとです。例えばある子供が、私はゲイだと言ったら、もしその人のお父さんかお母さんがゲイに反対していると言えば、それイコール自分の息子に反対していることになるのです。

我那覇　繊細なふりをして、異論を言わせないのですか。

モーガン　ほとんどの人は個人を否定する気持ちはないでしょう。そもそもいまは「多様性」が世の中の最大の規範になっています。

我那覇　みんな違って、みんないい。「みんなを守るために多様性を認めましょう」と。

モーガン　だから「私は男だけど女性トイレを使いたい」と思えば、これも多様性だから認めざるを得ない。

我那覇　「トランスジェンダーが銭湯の女湯に入れないのは排除だ!」と。本来これは排除でなく「区別」です。ところが、それを言えなくなっている。

これは我々が心理攻撃を受けているからで、「女湯に入りたがる男性は変態です」と言えない空気がある。今の社会では自分と同じ考えの人に対しては本音を言えますが、例えば職場では誰が何を考えているかわからないので「黙っておこう」となる。意図的にそのような社会の空気感がつくられているのです。

モーガン　日本ではアイヌの人達に対する問題もそうです。そして、「我々は迫害を受けている」というグループに対して、ＬＧＢＴの活動家は近づきます。アメリカでは黒人やネイティブアメリカンやラテン系の人たち。つまり弱い人たちを利用しようとする。そうした人たちに少しでも理解できない態度をとると「お前はレイシスト（人種差別主義者）か！」と責める。「理解が足らないお前は原始人」と言わんばかりです。

我那覇　第２章で述べた、トランスジェンダーの職員の女性トイレの使用を認めた最高裁の判決文にも「トランスジェンダーへの理解が足らないので研修しましょう」といったことが書かれていました。

モーガン　知らなければ「原始人」と言われるなら、なかなか「知りません」とは言えなくなります。

❀ あえて曖昧にして、ごまかす

我那覇　ＬＧＢＴ界隈の人たちと話をしていて、ときどき不思議なことがあります。レズの方と電話で話したときです。私が「レズ」と言ったら「レズと言わないで！　ちゃんとレズビアンと言って！」と言われたのです。

どう違うのか不明ですが、「私たちのことをちゃんと理解すべき！」と怒られたようで、言葉狩りに近いものを感じました。何か間違ったことを言って相手から攻撃されるのが怖くなり、「言わないほうが安全」となるのです。

こうした心理操作については、3章で少し触れた研究者のステラ・モラビト氏の著書にも書いてあります。私は彼女をモーガン先生から教えていただきましたが、どのようなきっかけで、この本と出会ったのですか。

モーガン　10年以上前から読んでいる『ヒューマンライフ・レビュー』という雑誌があります。本当の意味で、すべての人間を受け入れることを目指すというモットーを掲げ、ダウン症の人や体の不自由な人など、すべての人を支持する社会をつくろうとしています。中絶についても、ただ反対するのではなく、困っている妊婦がいたらサポートして、中絶せずにすむ環境を整えるといった活動を行っています。

この雑誌に彼女がときどき投稿していて、深く社会問題の思想的ルーツを探求している記事が多いのです。モラビトさんの記事などを読んで初めて知ることが多くあって、彼女の考えが優れていると思うようになりました。

彼女は有力な保守派サイト「ザ・フェデラリスト」の編集者でもあり、ここでもＬＧＢＴ運動に反対する記事を書いています。

我那覇　私も彼女の著書や、彼女へのインタビューを通して、ＬＧＢＴの人たちとの向き合い方をいろいろ学びました。

モーガン　言葉狩りへの対抗策では作家のジョージ・オーウェルもいいエッセイを書いています。英語は言葉が短くてシンプルです。「ディス・イズ・ア・キャット」とか「アイ・ライク・ユー」とか……。一方ラテン語やギリシャ語に由来を持つ言葉は、長く気取った言い回しをすることが多く、意味も曖昧になりやすい。

我那覇　「言語明瞭、意味不明瞭」という言葉がありますね。

モーガン　共産主義もそうです。長い文章を使って霧に包まれたような言葉を言う。ところがポリティカル・コレクトネス（政治的正しさ）があるので、意味がわからなくても正しいとされることには、みんな口を揃えて賛成しなければならない。

ただ、英語を使えば、そうした問題はなくなるというのです。しかし現在、ＬＧＢＴに関しては、本来のちゃんとした英語を使えなくなっているのです。

我那覇　たとえば、どんな英語が使われているのですか？

モーガン　「ヒー・イズ・ゲイ」つまり「彼はゲイです」と言えれば簡単です。ところが、「私はゲイではありません。セイム・セックス・アトラクテッド・パーソンです」などという言い回しが使われています。

我那覇　我々からすれば、どう違うのかわからない。

モーガン　これは結局「定義されたくない」ということなんです。代名詞問題もそうです。自分は「ｓｈｅ」でも「ｈｅ」でもないと。

我那覇　つまりイデオロギーを社会に入れてくる人たちは、一般の人が理解できない非論理的なことを、あたかも論理的であるかのように押しつけてくる。だから英語のように物事をはっきり定義する英語には馴染まない。だからこそ、正しい英語の言い回しをすればいいということですね。

モーガン　彼らは物事を曖昧にして、何を言っているのか相手にわからないようにごまかす。そうすることで自分の身を守ろうとするのです。

またイデオロギーを口にする人は、自分のことは言わず「この人々を守りましょう」と言います。「ゲイの人たちは弱い人たちです。一緒に頑張りましょう」と。

我那覇　確かにそうです。

モーガン　そう言われると自分の仕事を守りたい人や肩書を大切にしている人は、摩擦を恐れて「おかしい」と思っても言えなくなってしまう。これはアメリカの大学院でも同じです。相手の意見がおかしいと思っても言わない。

意見を言うのは私だけなので「要注意人物」として避けられています。唯一の例外が韓国からの留学生で、物事をはっきり言っていました。相手をバカだと思ったら、歯に衣を着せず「バカだ」と（笑）。

彼女とはよくケンカにもなりましたが、気持ちよくつきあえました。ほかの人は、ケンカしようという気持ちがないのです。

我那覇　言葉の使い方では、イギリスの宣教師の方と話して驚いたことがあります。私はイギリス人とアメリカ人の文化の違いがわからず、時間もなかったのでダイレクトな物言いをしたんです。すると「あなたの言い方は、ダイレクトすぎて驚きました」と言われました。

言われた私も驚いて……。私の言い方が日本人離れしているのかもしれませんが。

モーガン　そんなことはないでしょう。じつは日本人は、はっきり言うんです。TPOに合わせて、思ったことをはっきり言います。でもイギリス人は違います。

我那覇　あまり言わないんですか？　同じ白人だから、アメリカ人のようにはっきり言うのかと思ってました。そうではないんですね。

モーガン　人種は関係ないと思います。私は自分を白人だと思っていませんよ（笑）。

我那覇　確かに、日本人がイメージする白人と全然違います。

モーガン　文化が違うのです。イギリス人は、ユーモアなどを使って言いたいことを隠します。皮肉が好きで、ひねりを入れて本音を言わないのです。だから私は、イギリス人をあまり好きではありませんが、いまは「イギリス人は好きじゃない」とも言えなくなっています。

我那覇　好みの問題だから、本当は「あれが好き」「これは好きじゃない」と言っていいはずなのに、それも言えなくなっている。

モーガン　言えば「あなたはファシストだ！」とののしられます。「イギリス人は好きじゃない」というだけなのに、飛躍してファシスト扱いされる。

我那覇　「生理的に合わない」というだけなのに。

モーガン　「私はマイケル・ジャクソンを好きではありません」と言うと、「お前は黒人が好きじゃないんだな」と言われる。マイケル・ジャクソン個人についての話をしているのに、全体の話にすり替えられるのです。日本ではまだ少ないほうですが、それでも、思っても言いづらい雰囲気は、すでに生まれだしています。

✿ カルトが行う「孤独の心理攻撃」

我那覇　そうした事柄について、先ほどのステラ氏は「孤独の心理攻撃 Weaponization（武器として使う）of loneliness（孤独）」という言葉を使っていました。人の中にある孤独を攻撃の武器として使うのです。

たとえばある策略があり、その策略を大手独占メディアが大々的に宣伝している場合、そこでは人の心のメカニズムが悪用されている。このメカニズムは本来、社会的にみんなと和を保つ目的で機能するはずなのに、その裏をかいて私たちを縛りつける道具に使っている。さらに次のようなことを言っていました。

「歴史を見ると、孤独は権力者が我々人間を支配する道具として使ってきた常套手段である。私たちはそのメカニズムが個人の中でどのように作用しているかを理解しなければならない。

このシナリオにはまったら、信じていないこと、たとえばLGBT問題で男性が女子トイレに入ってもいいという判決に対し、おかしいと思っても口を閉ざしてしまう。その結果、実際には、おかしいと思う人がたくさんいても、そのまま作用してしまう。

なぜなら何を公で話していいのか私たちはわからなくなっていて、周りの人も話さないからです。そうして我々はどんどん孤立化する。この孤立化をつくりだす作業が、いろいろなレベルで行われている」と。

この構造は、カルトと同じだそうです。

モーガン　カルトと同じというのは、重要な指摘です。

我那覇　カルトの人たちが最初にターゲットに対して行うのが、孤立化です。友達と関係性を持たないように、友達から遠ざける。ほかの考え方に触れさせず、できるだけ考える機会をなくす。一つの視点しか許さない。過激な環境運動もそうで、LGBT運動でも同じことが行われています。

基本的に「黙っていろ！」と言われ、あるいは心情を偽ることを求められる。こう人々が反応すること自体がエネルギーの源となり、この非常に破壊的な策略がより前進していく。我々の沈黙から燃料を得て、広がっていく。私たちの社会が継続し、自由な生活や人生を送るためには、この心理をもっともっと理解する必要がある、というお話でした。

こうした孤立と人間心理の関係を聞いて、私はステラ氏に質問しました。「私もこうした心理的なメカニズムを知るのが好きで、いろいろな本を読んできました。そこで学んだことの一つに、全体主義で私たちの心を掌握しようとする人たちは、独房に入れて孤立させるといった物理的な方法も含め、孤立させようとする傾向があります。このこととステラさんが考えている論理との関係はどうなりますか」と。

モーガン　どのような答えでしたか。

✿グローバリストが目指す、人を孤立化させるシステム

我那覇　1960年代に書かれたジョアン・グリーンバークの小説『デボラの世界　分裂病の少女』の話をされました。精神科医によって統合失調症の患者が治ったという話で、患者は10代の女性でした。

彼女は学校でクラスメイトから拒絶され、孤独を感じていた。こうした拒絶感や孤独感から彼女は心の中に自分を受け入れる人々がいる世界をつくりあげ、この別世界に住んで

いた。彼女が逃げ込む世界には、独自の言語さえ存在していた。そうしたメカニズムについて精神科医が独自の学説を立てて、その理論をもとに治した、というものです。

ただし孤独といっても、瞑想が大事なように、一人の時間は大事です。つまり一人の時間と孤立はまったく違うものです。彼女の場合は意図的に心理操作された、誰も彼女を愛さず、孤独を感じている状況にいました。

そしてカルトや暴徒、ギャング、精神病のどれかに属するようになるのは、まさにそういう過程を経ているそうです。自分の中に引きこもり、自分を受け入れてくれる世界を自分の中につくりだす。

だから統合失調症など精神病の患者が心の中で話しているのを見ると、この小説を思い出すそうです。「それぐらい強烈な孤独と孤立、拒絶の経験があるからこそ、こうなってしまったのだ」と。

つまり家族との強い絆、強い信仰心、友達との強い友情といった強い絆がなければ、人の弱みにつけ込んでくる人たちの餌食に簡単になってしまう。

モーガン　「強い絆」こそ弱みにつけ込まれないために重要ということですね。

我那覇　孤独から逃れるために、自分が本当に信じていることについて嘘をついたり、何も言わず黙ってしまう。これこそがプロパガンダと、それに伴う検閲が非常に強い力を発揮するゆえんだと。

ではなぜプロパガンダと検閲が強い力を持つかというと、人に対して悪のレッテル張りをするからです。「私はレッテル張りされたくない」という恐怖心がある。だから逆にレッテル貼りすることで孤立させようとする。「孤立したくない」と思って逃げることも、孤立です。どちらに転んでも孤立のシナリオに組み込まれてしまう。

その例としてスターリンのロシア、フランス革命のジャコバン党、ナチスのドイツ、毛沢東の文化大革命を挙げていました。現在の中国で導入されている社会信用システムもその一つで、グローバリストはこれを全世界的に導入しようとしているそうです。

モーガン　中国の社会信用システムの話はよく聞きます。所得やキャリア、犯罪歴など政府が持っているデータをもとに国民をスコア化し、スコアの高い人は社会的な恩恵を受ける。低い人は職業や移動など、さまざまな制限を受けると聞きます。

我那覇　社会信用システムについて、ステラ氏はこんな新聞記事を読んだそうです。信用スコアの低い人から電話がかかってきたとします。その電話に出たら、その人物のスコアが下がってしまうのです。

恐ろしい話で、子供の時にやった鬼ごっこのような、触られると汚れるから触り返して汚れを押し付け合うゲーム、そんな悪ふざけをやりましたが、それを思い出します。

モーガン　スコアの低い人からの電話を受けると自分のスコアも下がるから、かかってきても無視する。

我那覇　そうだと思います。中国では戸籍による分断もあります。農村戸籍と都市戸籍に分かれていて、戸籍の違う人同士は簡単に結婚できない。自分の身を守るためにも分断したほうがいい社会になっているのです。

✿ 喋るのはメディアと政治家だけでいい

モーガン　このカテゴリーにいる間は安心だから、そこに居続けたいと思う。そのためには、あえて他のカテゴリーの人たちと交流しないほうがいい。へたに交流すると自分の身がどうなるかわからないから。

我那覇　社会から拒絶されることへの恐怖、はじき出されることへの恐怖です。こうした心理的操作から回避するためには、私たちは声を上げるしかない。多くの人がそうしないと、社会自体が孤立した社会へと落ちていきます。

ＬＧＢＴについても、多くの人は「おかしい」と思うことがあるはずです。だけど孤立するのが怖いから声を上げない。この状態はまさに支配しようとする人たちが求めるものです。

興味深いことに、聖書にも同じことが書かれています。旧約聖書の「創世記」で、神は最初にアダムをつくります。でも「人は一人でいるのはよくない」とイブをつくるのです。

モーガン　アダムにとってのイブをつくらせないのが、彼らの手法です。全員分断させて、一人にさせる。ちなみにフェミニストは、この部分にも文句を言います。「ほら、男が先につくられている！」と（笑）。

我那覇　思い起こすと、このところ言いづらいことが増えています。それはメディアを掌握されていることもあります。メディアを使って攻撃を仕掛けているのです。

モーガン　アメリカでは「ブラインド」も言えなくなりました。もともと「盲目」の意味だから、そこに何の悪意もありません。ただ「目が見えない」という状態を表しているだけなのに、使うと「目の見えない人を侮辱している！」と怒られるのです。

そんな意図はなく、目の見えない人が近くにいたら、むしろ「手助けできることはないか」などと考えます。でも直接的な物言いをしてはいけない。遠回しに言う必要があるのです。

我那覇　盲目には「物事がわかっていない人」という意味もあります。いまはこちらの意味で使う人が多い気もしますが、そのほうがよほど失礼でしょう。

モーガン　そうやって言葉を口に出す前から萎縮させる。それがステラ氏の言いたいことだと思います。みんなの口にチャックをさせる。喋っているのはメディアと政治家だけ。ソ連と一緒です。政府に反発すれば、一人ぼっちになる。それで言わないようになるのです。

我那覇　ＬＧＢＴ運動をしている人たちも、おおもとの理論を考えている人は意識していると思います。ただ日本の活動家の大半は、感情的に煽られて動いているだけです。自分たちが検閲しているという意識はないと思います。むしろ「いいこと」と思ってやっている。そこが厄介なのです。いろいろなレベルで大衆操作が行われ、操作したい私たちに一番近い活動家は、上のほうの人たちに操作されている。そんな構図があると思います。

多くの活動家は本当に人生をかけて、「自分の存在を認めてほしい」という意識でしょう。そんな〝革命の旗手〟は選ばれた人たちだから、私たち一般の人も「かわいそう」と同情してしまう。いわば監督に選ばれた名優で、ただし彼ら彼女たちは演技ではなく、心から正しいと思っているのです。

モーガン　環境活動家のグレタ・トゥーンベリ氏は、まさにそうです。

我那覇　だからこそ「正義は危険」という言葉も昔から言われてきたのだと思います。正義は正しいかもしれませんが、危険なのです。

❀攻撃する役割を担っている暴徒がいる

我那覇　モーガン先生はステラ氏の本について次のような書評を書かれていますね。「洗脳について書かれた本はたくさんあるけれど、抽象的な本が多すぎる。彼女の本は具体例が多く、現代に生きる我々が自分たちの社会を見るにあたり、すごく腑に落ちる形で説明してくれる」。私も実際にインタビューして似たものを感じました。

先ほどから述べている孤独のメカニズムは、構成要素が3つあるとおっしゃっていました。「アイデンティティ・ポリティクス（共通する政治目標による結束）」「ポリティカル・

コレクトネス（政治的な正しさ）」「暴徒による煽動」です。

最初のアイデンティティ・ポリティクスは、先生が先ほど言われた社会の不満分子を集める道具だと思います。社会はエネルギーがないと動かない。そこで不満分子を集めるための材料を探す。次にこの人たちを使い、社会にルールを一方的に押しつける。それがポリティカル・コレクトネスです。「あれはダメ」「これはダメ」と検閲のルールをつくるのです。

ただし、こうした検閲について戦う人もいる。先生や私のように絶対に意志を曲げず、「こちらが正しい」と言う人がいて、そうした人たちを実力行使で攻撃するために暴徒がいるのです。アンティファもそうです。だからこの3つはセットなんです。

アメリカのブラック・ライブズ・マター（BML）の運動について、最初は理解できませんでした。黒人差別や人種差別の撤廃のためと称して、暴動を起こして社会を混乱させる。何をしたいのか不思議でしたが、ステラ氏の話を聞いて分断して統治せよのためにこういう役割を担う人たちが必要なんだと思いました。

モーガン　BLMのリーダーは3人いて、彼らを訓練したのは共産主義者のエレック・マンです。「ウェザー・アンダーグラウンド（地下の天気）」という組織をご存じですか。

我那覇　昔あったテロ組織ですね。聞いたことがあります。

モーガン　１９６０年代から70年代にかけて存在したテロ組織です。警察を殺したり、爆弾を爆発させたりとか。その中の一人が、いまはコロンビア大学の教授になっています。

我那覇　女性ですね。

モーガン　これも一つのメカニズムです。教育機関を使って人を洗脳する。左翼の得意技です。もう一人は刑務所に入り、出所して今度は黒人問題を使って社会を壊そうとした。それがＢＬＭのトップ３人を訓練したエレック・マンです。

我那覇　テロ組織の直属の弟子ということですね。

モーガン　そう。教える側は、黒人問題とは無関係なのです。実際のところ、暴動を起こしても黒人にとっていいことはありません。暴動を恐れて警察が黒人の居住地区に来なくなれば、子供たちは外で遊べなくなります。黒人のための運動ではないから、こうしたことにもなるのです。

結局、弱者は社会を混乱させたい人に利用され、革命の道具にされる。同じことがＬＧＢＴにもいえるのです。

第5章

トランスジェンダーは伝染する

❀ LGBT運動で不幸になるゲイ、レズビアン

我那覇　前章でLGBTがグローバリストたちに利用されているといった話をしました。そして実際のところ、LGBT運動は多くのLGBTの人たちを幸せにしていないように思います。

繰り返しになりますが、LGBT運動はウーマンリブやレズの人たちには、むしろ苦痛なものになっています。彼女たちの中には男性に性的暴力を受けたりして、男性に恐怖心を持っている人も少なくありません。だから生物学的に男である人が、女装して女子トイレや女湯などに入ってくるのは絶対に認められない。

そんな彼女たちへの反撃として、トランスジェンダー活動家たちが使うレッテル貼りの言葉が「TERF（ターフ）」というものです。トランス・エクスクルージョナリー・ラディカル・フェミニストの略で、「トランスを排除する過激なフェミニスト」を意味します。

そんな言葉をわざわざ使うのは、彼女たちを押さえつけるためです。内容がどうこうと

いうより、「黙れ！」という意味で「ＴＥＲＦ！」と言うのです。ＬＧＢＴ運動がなければ、こんなことも起こらなかったはずです。

モーガン　これも重要なポイントです。昔はゲイとレズの人々は、よい人生を送る方法をわかっていました。自分なりの人生、自分なりの生き方を探して、それを、一般社会と並行している少し別の一線で送ることが彼らの尊厳にもつながったのですが、それが「同性愛者にも人権を」などと言いだすことで、おかしくなったのです。

昔のアメリカのレズたちには、同性婚とは違う「ボストン・マリッジ」と呼ばれる暮らし方がありました。ボストンの住民には裕福な人が多いです。そこから男性に頼らず、お金持ちの女性たちが一緒に暮らすことを指す言葉です。しかし、「ボストン・マリッジ」という言い回しの意味合いは、「レズビアン同士が結婚のように同居している」とのことです。つまり、「主人がいないので一緒に暮らしています」と彼女たちは言いますが、本当はレズです。でも「私たちはレズビアンです」とは言わない。本人たちが大きな声で、社会のあり方を覆そうとはしなかったのと同様に、周囲も彼女たちに対して、とくに何も言わない。どちらかと言いますと、大人のやり方ですね。お互いに余計なことを言わないで、お互いにそれぞれの生き方を許し合っている、という、平和な社会の基礎が守られていたと言えます。

我那覇　みんなが察し合いながら仲良くしていくのですね。

モーガン　レズであることは雰囲気ですぐにわかります。でも「ああ、なるほど」と思って、それですませるのです。

これができるために大事なのは文化です。ある程度の文明的な磨きが必要で、「私と関係ない問題だから何も言わない」と考えられるのは文明です。

一方でゲイの人たちは「バチェラークラブ」という未婚男性が集まるクラブを結成していました。バチェラークラブには普通の未婚男性が集まるクラブもありますが、30歳、40歳になっても結婚しない男性が集まるクラブもあります。そうなりますと、まぁ、どういう系かわかりますね。「ボストン・マリッジ」と同じく、「バチェラークラブ」という言い回しを使って社会の秩序が保たれていたのです。お互いにリスペクトがあるからこそ、つまり、お互いに文明的な磨きがかかっているからこそ、社会の平和が保たれていました。「独身クラブ」に付属している彼らの一部は、先ほど述べたような独特のファッションセンスなので、一目でゲイとわかります。でもみんな「自分の生活には関係ないから」と、そうした人たちに何も言わなかった。そこに共産主義者たちが入ってきて、「お前たちは迫害されている」と言いだしておかしくなったのです。被害者という意識を植え付けて、それを煽っている結果として、ゲイなどが共産主義者の、社会を壊すという目的のための一コマに成り下がったのです。

しかもゲイとレズは別々のカテゴリーだったのに、LGBTという同じカテゴリーでくくられてしまった。その結果、男性が怖いレズの人が女装した男性を怖がらなければならなくなった。要するに、共産主義、つまりそもそもゲイ・レズと全く関係のない悪質なイデオロギーが下手に混ざってしまうと、ゲイとレズたちの尊厳が尊重されなくなってしまった。彼らを「解放」するどころか、彼らをそのイデオロギーの中に閉じ込めたのです。今のLGBTイデオロギーの中で、男性が女性の特別な場に入れることになっています。これは彼女たちにとって嬉しくない状況で、これはLGBT活動家がゲイやレズを利用する対象としか見ていないからです。

我那覇　まさに、本人たちの幸せと逆行しているのですね。しかも不思議なのは、女装して女性の刑務所に入ったトランスジェンダーがレイプ事件を起こしていることです。性自認が女性のトランスジェンダーで、同性愛者だから、女性が性犯罪の対象になる。複雑すぎて、図に書かないと理解できませんでした。

こんなことが現実に起きているのに「トランスジェンダーの権利を守れ」と言われても額面どおり受け取れません。女性はつねに身構えなければならなくなります。こうした人たちがいることで、逆にトランスジェンダーに対する差別意識もどんどん拡大します。みんなが不幸になっています。

❀ 自分を受け入れればいい

モーガン　最近ちょっと感動する動画を見ました。52歳のレズのキャロル・ハッチさん。髪形が私のような短髪で、ぱっと見てレズとわかる女性です。彼女が、こんなことを言っていたのです。

「私は思春期の頃からずっと、女性が好きだとわかっていた。そしてゲイ・ライツ・ムーブメント（同性愛者の人権を求める社会運動）が起こると、私も戦ってきた。ただ最近、若いトランスジェンダーの女性や『自分は男かもしれない』と迷っている女の子を見て、ものすごく罪悪感を感じている。私の責任かもしれないと。

私がそのような女性に言いたいことは、『あなたはきれいなレディですよ』『あなたは女性に生まれてよかった』『もし女性が好きだとしても、それは自分の問題で、手術をしたりする必要はないですよ』ということです」

我那覇　女性が好きだからといって、女性を捨てる必要はない。まずは自分を愛しなさいと。

モーガン　自分を受け入れ、自分を愛す。それでいいのです。さらに彼女が言っていたのが美の大切さです。私も重要なポイントだと思います。なぜなら美は、自分ではないものに対して抱く感情だからです。

たとえば電車に乗ると、ほとんどの人がスマホを見ています。それはメタバース（仮想空間）の世界で、現実世界ではありません。周りに人がいるのに存在しないかのようになっている。

我那覇　二次元世界で生きている。

モーガン　そう。それは孤独です。スマホは孤独をつくりだす機械として最も危険だと思います。メタバースなどを通じて「みんなと繋がっている」と言いますが、実際は誰とも繋がっていません。そのメカニズムは、美を奪うことです。メタバースの中では、美が存在しないのです。仮想的な美はあり得ないからです。美は、自分とは全く別な、現実を超えている別の世界から来るのです。そうやって人間から美との関わり、美の体験を奪ったりすると、イデオロギーの手のひらに振り回されることになります。

「私はトランスジェンダー」と言う人の多くは、ネットを見たのがきっかけです。そういうサイトを見て「私も当てはまるかもしれない」と思い始める。孤独感が極端に増すと自分自身も怖くなり、自分の体に束縛されているような感覚が生まれ、自分から逃げようとするのです。

我那覇　それが「トランスヒューマニズム」にも繋がるそうです。「超人間主義」とも言い、科学技術を使って人間の体を前例のないものにしようとする。体はもう物理的な存在に過ぎないという発想です。

モーガン　「ミートウェア」という言葉もあります。「ソフトウェア」「ハードウェア」と言うように、体はただの肉だから「ミートウェア」。

我那覇　そんな言葉があるんですね。

モーガン　体は要らない。体はただのゴミ。物理的な体は邪魔なんです。「私の心をパソコンにアップして、永遠に生きる」と平気で言うのです。もちろん、そんなことはできるはずがなく、肉体がなければ人間は死にます。こんな当たり前のことが、わからなくなっている。そもそも人間は、美を見て、魂が自然と体から自由になる存在です。それができなくなると、つまりイデオロギーやスマホという地獄の時代に住んでいる現代人からすると、体が怖くなって、早くそこから逃げ出したくなります。

このような倒錯した価値観を覆すのが美です。自分と無関係なものを見て、美しいと思う。そこに自分とは別の世界があることに気づく。その美を他人とも共有できる。そう考えると世の中は無限で、天国にも行けるかもしれない。もっと美しいものも見られるかもしれない。美とは結局、可能性なのです。

ところで、我那覇さんは美術館や博物館は好きですか。

我那覇　はい、好きです。

モーガン　私も大好きです。もし宝くじが当たれば、妻と二人で毎日美術館に行って、「ああ〜いいなあ〜」と堪能したい（笑）。ロシアの文豪フョードル・ドストエフスキーが「美が世の中を救う」と言ったのも、そういう意味だと思います。

サルトルは「地獄とは他者のことだ」と言いましたが、私にとって天国が他者です。人とつきあって美しい出来事に出会い、救われるのです。

日本には自然の美もあれば、絵画の美もあります。美を大切にしていて、そこに希望を感じます。クリエイティブディレクターの佐藤可士和氏のデザインもそうです。日産自動車のNシリーズの「N」や楽天の「R」も彼のデザインで、素晴しいセンスの持ち主です。やはり美で生きていると思います。

数年前に佐藤氏にインタビューをしたとき、千利休を高く評価していました。また好きな色は「赤」と。昔の冷蔵庫などの家電は紫とか緑とか変な色がありましたが、自分は赤と白がいいと。これが日本人の美的センスだと思いました。日本のデザインセンスのよさに救われている人は多いと思います。

❀ LGBTは他者を見ていない

我那覇　先日BBC（イギリス放送協会）のドキュメンタリー番組を見ていたら、イギリス人哲学者の故ロジャー・スクルートン卿が出ていて「かつて美は真理や善と同じぐらい重要な価値のあるものだったのに、現代社会ではそれが壊された」といった話をしていました。

モーガン　彼はプラトンとエロスについても書いていますね。私はLGBTは、エロスの正反対だと思います。他者を見て、その他者を「欲しい」と思うのがエロスです。プラトンによると、魂が他者に向かって飛んでいき、他者と混ざり合うのがエロスということです。それはたんなる肉体的な愛とは違う。

我那覇　精神的なもの、ですか？

モーガン　肉体だけでなく、美しいものを見て「欲しい」という気持ちを抱くことです。

我那覇　何か惹かれるものがある、という感覚ですね。

モーガン　レズの人にも、それがあると思います。ところがＬＧＢＴは、それを否定するところから生まれています。なぜなら他者は存在せず、孤立しているからです。

我那覇　自己完結してますから、妄想が。

モーガン　妄想や孤独が完璧になれば、ＬＧＢＴというカテゴリーになる。彼らはけっして他者を見ていません。

我那覇　自分の中に、自分とは違う幻想を見ている。

モーガン　そう、これは大きな問題です。避妊薬が誕生すると、逆にセックスができなくなったと思います。避妊薬は他者を否定するものだからです。コンドームを使うなど、避妊して行うセックスは「セーフセックス」と言います。これはエロスではない。「セーフセックス」というのは、自己矛盾です。セックスというのは、他者と、全く予想のできない関係を築くことです。避妊薬の時代では、他者が完全に消えてしまいました。「セーフセックス」は、そこに他者はなく、自分の気持ちしか存在しないからです。地獄そのものです。

我那覇　まさに快楽主義！

モーガン　つまりセクシャル・レボリューションは、セクシャルではない。ポルノなんです。ポルノ映画を見る人は登場する女優が好きなのではありません。ほとんど興味がありません。彼女たちの人間性を否定して、ただ自己満足するための道具です。避妊薬やコンドームも、そういう世界のものです。

セックスは本来、危険なものです。他者と出会って、子供ができるかもしれない。人生が大きく変わるかもしれない、ある種の賭け事です。そう考えるとセーフセックスなんて、そもそもありえない。「すべてを捨ててもあなたが欲しい」というのがエロスです。

ＬＧＢＴの人には自己防衛が重要なので、セックスとは無縁です。

我那覇　ある意味、人間の精神性の破壊ですね。

モーガン　そうです。ＬＧＢＴイデオロギーの罠の中に落ちいている人、つまり現代のセーフセックスを望んでいる、性的指向と関係なくそのイデオロギーを提唱している全ての人は確固たる自分を持っている。しかしそれを絶対に守ってセックスがしたいというのは、矛盾です。セックスでは他者がすべてになる。私はどうでもいい。あなたが欲しい。あなたとの子供が欲しい。それが本来のセックスです。

セックスの結果として、当然、子供の誕生があり得ます。そして、子供がいると大変です。子供は自分の人生を壊す存在でもあります。教育費や生活費などで子供のために自分の給料を使い果たし、家もボロボロになる（笑）。でも、それこそが愛です。全てを失って初めて愛するのですね。人を愛するとはそういうことで、セクシャル・レボリューションは世の中からそうしたものを消そうとするのです。

他者の存在を認めて、相手を美しいと思い、一緒にいろんなところに行きたいと思う。そういう気持ちを失わせてしまうのです。

❀ 美を否定するLGBT

モーガン　そもそもＬＧＢＴイデオロギーには美がありません。とりわけトランスジェンダーの場合、「自分の体が嫌い」から始まっていますから。しかしながら、体は本来、美しいものです。たとえばエドゥアール・マネの描く裸婦は美しいですよね。エロスとは無関係に美しく輝いている。やはり人間の体は美しいものなのです。

彫刻でもミケランジェロのダビデ像は美しい。私はゲイではないけれど、あのような筋骨隆々な男の裸も美しいと思います。

我那覇　ただ、いまそんなことを言うと「あなたはゲイかもしれません」との、洗脳が始まります。

モーガン　私は過去、そう言われたことがあります。高校の頃、教科書に載っているダビデ像を見て「素敵だ」と言ったら「お前はゲイだ」と。それは冗談だったのですが、そう言われたおかげで私は自分がゲイではないとわかりました。男の裸ではなく、アートに美を感じたのです。

そんな冗談が言えた昔は精神が健全でした。もし私がダビデ像を「素敵だ」と言って教室がシーンとしたら、「言ってはいけないことを言ってしまった」「自分は変なのかもしれない」と思ったかもしれない。私をからかってくれた友人に感謝です。

我那覇　LGBTの人たちについては「尊重してあげないとかわいそう」といった同情心を持ったり、「自分とは関係ない」と無関心でいる人が多いと思います。でもそうではないと、いまのモーガン先生のお話から、あらためて思いました。これは人間の美意識を破壊する恐ろしい問題で、みなが自分事として捉えるべきです。

モーガン　いまはモデルを見ても、かなりの肥満体など、変な体型の人が増えています。

我那覇　美女コンテストも、おかしなことになっています。大柄なトランスジェンダーの男性が優勝したこともあります。何の冗談かと思いましたね。少なくとも優勝者は、多少は美人に見える人にしてほしい。

モーガン　中国の有名なパフォーマンスアーティストのアイウェイウェイ（艾未未）をご存じですか。共産党をバカにする作品をよく発表していて、台湾支持者でもあるので、いまは自らの身を守るため、アメリカに住んでいると思います。

社会を風刺する作品も多く、そんな人にとっていまは黄金時代でしょう。私がコメディアンなら、美人コンテストで優勝を目指します。優勝すれば大満足ですが、それはもうショーとして終わっています。世の中が性のことをめぐって超シリアスとなり過ぎていま す。美のない美人コンテストなんて意味ありませんが、そういう馬鹿げたワンシーンを見ても笑ってはいけないという雰囲気になっていて悲しいですね。そうやって、敢えて美しいことを否定して、美しくないことを美しいと嘘をつく人は、結局、美が嫌いなんです。美の否定といえば環境活動家もそうです。2022年にロンドンのナショナルギャラリーで、環境活動家の女性2人がゴッホの「ひまわり」に赤い液体を投げつける事件がありましたね。

我那覇　投げつけた絵の前で「絵が大事なのか！　私という人間が大事なのか！」といったことを叫んでいました。世界的に有名な芸術作品を傷つける活動家より、絵のほうが大事に決まっています。

モーガン　そのとおり。素晴しい芸術は人間を超越します。「真善美」そのものです。そんな素晴しい作品の前に立って「私を見て！」とばかり主張する。邪魔です。そうではなく「一緒に見ましょう」という話です。

✿トランスジェンダーは診断名ではない

我那覇　ＬＧＢＴの中でも、とくに深刻なのがトランスジェンダーの人たちです。ホルモン注射や性転換手術を受け、その後不幸な人生を歩んでいる人は大勢います。

一方ホルモン注射や性転換手術で違う性の体に整形したけれど、再び元の性に戻る人もいます。彼らは「ディトランジショナー（de戻る＋transitioner転換）」と呼ばれる人たちで、そうした中の一人ウォルト・ヘイヤー氏に２０２１年にインタビューしました。

ヘイヤー氏は男性として生まれたけれど「自分は女性だ」という心の葛藤を抱え、結婚していたにも拘らず手術を受けて女性の体になりました。奥さんとも離婚し、これで幸せになれるはずだったのに、実際は心の苦しみが消えなかった。

そこで心理学を学び、「これは私が幸せになる道ではなかった」「これは嘘だった」と気づくのです。そして再手術を受けて、もとの性に戻すのです。42歳から8年間女性として生きたので、50歳のときです。そして「セックスチェンジ・リグレット」という性転換を後悔する人を支援する団体を立ち上げたのです。

ウォルト・ヘイヤー氏（現在）

ウォルト・ヘイヤー氏（女性だった頃）

モーガン　後悔している人の支援団体。それだけ後悔する人が多いということです。大切な活動です。

我那覇　ヘイヤー氏が強く言われたのが「トランスジェンダーは存在しない」というものです。言葉自体が意図的につくられたもので、この言葉が存在するから人々が「性転換できる」と錯覚する。「実際には性別は変わっていないんです」とはっきりおっしゃっていました。

性転換したがる人は「いまと違う自分になりたい」という気持ちを強く持っている人たちです。ただし彼らが実際にできるのは、外見を変えることだけです。

最初にうつのような症状で病院に行くと

「性同一性障害」と言われます。一般に性同一性障害は診断名とされていますが、「これが間違っている」というのがヘイヤー氏の主張です。うつのような感覚を指しているだけで、症状だから診断名にはなり得ない。

たとえば咳が出たり、熱があったりして病院に行っても「咳」「熱」と診断されることはありません。一方で何かのウイルスに侵されて「何々ウイルス症候群」という診断名はあります。同じことは性同一性障害にも言えて、「自分の性に違和感がある」「自分は本当は女だ」などは「咳が出る」「熱がある」と症状を言っているのと同じなのです。

モーガン　なるほど、確かにそうですね。

我那覇　そして性同一性障害という言葉は、背景にもっと深い意味がある。咳や熱のように実際の体で起きているものではなく、心理的、性的、社会的な問題が自己の中にある。かつ統合失調症や双極性障害など、いろいろな問題を抱えている。だから合併症と言っていました。

それで「トランスジェンダー」という言葉は、意図的に使わないようにしているそうです。たとえば男性から女性に変わりたい人の多くは、性的フェチズム障害と言えます。だから女装や女性用のメイクをしたりする。実際に、鏡に映った自分の姿に興奮する人もいるそうです。

モーガン　自分の体をきれいだと思ったり、自分の体を見て興奮するのはオートガイネフィリア（自己女性化愛好症）と言いますね。

我那覇　そして多くは自分の体が嫌だとか、統合失調症や強迫神経症といった精神疾患に悩む人たちなのです。

もう一つ、ヘイヤー氏が強調していたのが、性転換手術は史上最大の医療詐偽ということです。変わったのは外見だけで、ＤＮＡは何も変わっていません。ヘイヤー氏はカリフォルニア州で外科医を訴えたこともあるそうです。「治療で本当に私が男から女に変わったかを証明しなさい」と訴え、外科医は証明できませんでした。

モーガン　当然です。実際は性転換手術ではなく、「美容整形手術」ですから。

我那覇　一般に性別は、生まれ落ちたときに決まります。お医者さんが赤ちゃんの体を見て「男です」「女です」などと判断する。でも正確には、性別が決まるのは受精したときだそうです。だからそのときに決まった性は、そのまま一生変わらない。

そしてもう一つ印象的だったのは、ホルモン剤治療や手術は自分自身を破壊する自己破壊行為であり、このことを頭に入れておかなければならないという話です。トランスジェンダーになる人は、いろいろなトラウマがあって自分が嫌になるのです。だから自分を破壊して、別の自分になりたい。

彼らは混乱していて、苦しみから逃れるために自分自身を消去しようとしている。でもそれはけっして叶うことのない逃避行動なのです。

モーガン　まったく、そのとおりです。

❀「トランスジェンダーとは生きたまま自殺を図る行為」

我那覇　ヘイヤー氏は悩んでいる人たちを支援するためのウェブサイトも運営していて、彼のサイトには200万人の人が訪れているそうです。さらに1万通以上のメールも届いていて、各国でスピーチもしています。さまざまな人の相談に乗る中で気づいたのが、彼らは100%の確率で過去に起きたトラウマ的体験を話しだすそうです。

モーガン　子供の頃の出来事が、トランスジェンダーになる下地をつくったということですね。

我那覇　性的虐待を受けたり、精神的な虐待を受けたり、なかには家族に捨てられたケースもあります。たとえば性的虐待を受けた女の子なら「私が女だから、こんな被害にあった。女じゃなくなれば、もう被害にあうことはない」。そう考えて性の倒錯に至ったりするのです。

男の子でも性的嫌がらせを受けるケースがあります。やはり「自分の体がおかしいから、こんなことになった」と思い、それを否定する方向に向かうのです。

ヘイヤー氏の言葉で、とりわけパワフルに感じたのが「トランスジェンダーとは生きたまま自殺を図る行為」というものです。

モーガン　それはすごい表現です。

我那覇　自分の生命を終わらせることなく、自分に別れを告げることだから「生きたままの自殺」だと。とはいえ、それでも生きているのですから、心の悩みは続きます。だからそういう人には「なぜ自分が嫌いなの？」「どうして自己否定するの？」といった質問をする。すると必ず自分の過去を思い出す。それがその人を本当の意味で助けることになるとおっしゃっていました。

またヘイヤー氏に2回目にインタビューしたときには、「日本人のリーダーに知っておいてほしいことが3つある」と言われました。一つは自分をトランスジェンダーという人は「社会的伝染（ソーシャル・コンティジョン）」に囚われている、ということです。学校でも頻繁に耳にし、ネットを見ても「トランスジェンダーになりました」といった人の動画がたくさん出ている。これらは伝染するそうです。

モーガン　「私はトランスジェンダー」と言う人を見ることで「自分もトランスジェンダーかもしれない」と思うようになる、ということですね。

我那覇　この社会的伝染はLGBTの分析のために生まれた言葉ではなく、学術用語の一つです。「肥満は伝染する」という言葉がありますが、これも社会的伝染の一つです。第2章でモーガン先生が言われた3本の棒の話も、社会的伝染だと思います。明らかに違う答えなのに、みんなが言っていると、それを正解として答えてしまうのです。

モーガン　映画『E.T.』が流行ったときは、「私も見た！」とエイリアンを見た人が大勢現れました（笑）。それと同じですね。

我那覇　私もホラー映画の『リング』を見た夜は、怖くて布団を被って寝ました（笑）。恐怖心も伝染するのです。

そして、2つ目がネットによるポルノ洗脳、そして3つ目が逆境的小児期体験（ACE）です。子供にとって有害な10種類の体験がリスト化されていて、カウンセリングでも使われています。子供の頃ひどい目にあって、それを否定する心のメカニズムとして現実逃避する。それがトランスジェンダーという形で自分を規定することにもなるのです。

モーガン　自分をトランスジェンダーだと思っている人には、性的虐待や精神的虐待の過去を持つ人が少なくないということにも通じる話です。

❀世界トランスジェンダー・ヘルス専門家協会は問題ある組織

我那覇　あと自閉症の子供も、LGBTのイデオロギーに影響されやすいそうです。社会的スキルが未発達の部分があるから、何らかのイデオロギーに影響されやすいと。ヘイヤー氏自身、子供のときにつらい目にあっています。4歳のときにおばあちゃんにドレスを着せられて、女の子として可愛がられたのです。父親と母親には内緒で、彼にとっては、おばあちゃんの家に行ったときだけの楽しい遊びでした。

ところがあるときドレスを家に持って帰ってしまった。それが親に見つかり、そこから両親とおばあちゃんの関係が悪くなるのです。一方で女の子の格好をしていたからおじに目をつけられ、性的虐待を受けたこともあった。その話を両親にすると「お前の言っていることは嘘だ」と言われ、木の棒で叩かれた。そうしたことが心のトラウマになったとお話しされていました。

モーガン　やはり子供の頃、ひどい目にあっているのですね。

我那覇　また第1章で世界トランスジェンダー・ヘルス専門家協会の話をしましたが、このガイドラインの作成者が、じつは40年ほど前にヘイヤー氏のセラピストだった人だそうです。

モーガン　それは、所属している医者達が「性転換手術は16歳未満が望ましい」という証言をしていた協会ですね。18歳になれば大学進学で忙しくなるからと(笑)。

我那覇　この人がヘイヤー氏に性転換手術を勧めたのです。そういう人がガイドラインを書いた組織なのです。

また性同一性障害は英語で「ジェンダー・アイデンティティ・ディスオーダー」ですが、2013年から病気を意味する「ディスオーダー」を使わなくなりました。「ジェンダー・ディスフォリア」つまり「性別違和」となり、症状の一つになっています。

病気としては扱わないので「トラウマはないですか?」などと根本を探るセラピーを受けなくてもよくなり、その結果トランスジェンダーは爆発的に増えたそうです。そしてホルモン治療や手術が増え自殺する人も急増した。

これに警鐘を鳴らしたのが内分泌学者のチャールズ・イーレンフェルト博士です。先に紹介した世界トランスジェンダー・ヘルス専門家協会は前身をハリー・ベンジャミン国際性別違和協会といいますが、この名前は「性転換」研究の第一人者ハリー・ベンジャミン博士にちなんでいます。ベンジャミン博士の近しい同僚でベンジャミンクリニックでホルモン治療を担当していたのがイーレンフェルト博士。つまりホルモン治療を受けた人の自殺率が高いと内部告発したのです。その後この方は精神科医になりました。ホルモン剤を処方するよりも心のケアをすべきと考えたわけです。

モーガン　やはり問題のある組織だったのですね。

我那覇　ヘイヤー氏が出された『トランス・ライフ・サバイバーズ』という本もご紹介したいと思います。英語版しかないのですが、トランスジェンダーから元の性に戻った30人を紹介しています。

さらに手術後苦しんでいる人たちとやりとりしたメールや、多くの研究報告なども載っていて非常に参考になります。

モーガン　２０１８年の発売ですね。日本語版も期待したいです。

❀トランスジェンダーはジェンダー・イデオロギーへの生贄

我那覇 もう一つ、アメリカで起きている最新の動きとして、2023年7月に上院司法委員会の公聴会で発言した脱トランスジェンダーのケースをご紹介します。クロエ・コールという女性で、自らをアメリカ史上最大の医療スキャンダルの被害者として証言しました。

モーガン 大変な詐偽行為として話題になりました。

我那覇 彼女は13歳のときに思春期ブロッカーを投与されました。思春期になって体が女性らしくなってくると、男の子たちから性的な目でジロジロ見られるようになります。それを嫌だと思うようになったのです。でも代わりに彼女は自分がトランスだから心の不快感を覚えているのだと思い込みました。

そこで家族で食卓を囲んだときに「私はトランスジェンダーです」と告白しました。そこから医療の専門家に相談すべきとなり、それが間違いのもとだったと。「私の家族はイデオロギーに毒された騙しと脅しの道へと進んでいきました」というのです。

診断をした専門家に「すぐに思春期ブロッカーを投与すべき」と言われ、このとき医者が両親に言った言葉が「死んだ娘と生きた息子のどちらがいいですか？」でした。そしてすぐに思春期ブロッカーを投与され、その1カ月後にテストステロン注射の1回目を行いました。「私の声は永遠に低いままで、顎はとがり、鼻は長いなどと骨の構造が男性化してしまった。喉仏も出てきて、将来子供を産めるかどうかもわかりません」と語っています。「鏡に映った自分を見ると、怪物のように見えます」とも。

そして15歳で両乳房切除手術を受け、いまも性機能障害に苦しんでいるそうです。このことについて次のような表現をしていました。胸には大きな切り傷が残り、乳首を切除した皮膚移植痕からは、今でも体液が垂れてきます。そして余った皮膚は男性的な位置に移植されました。

彼女はこの証言を19歳の誕生日にしたのですが、16歳のときには自殺願望を持つようになったそうです。

モーガン　残酷すぎる話です。

我那覇　証言の最後では次のようなことを語っていました。

「問題解決のために必要なのは、体を男に変えることではありません。思春期を男として過ごすか女として過ごすかを選べる、などと言うのはおかしい。どんな服を着るか、どんな音楽を聞くか選べるのと同じような『思春期の選択肢の一つ』と言うのはやめにしなければなりません。思春期は大人への通過儀礼であり、治療を必要とする病気ではありません。この野蛮なエセ科学によって、すでに多くの子供たちが犠牲になっています。犠牲は私で最後にしてください」

彼女の証言を聞いて、あらためて日本の子供たちを、必死に守らなければならないと思いました。

モーガン　古代メキシコのアステカ人は、人間の心臓を神に捧げました。現代の医者は女性の乳房を「ジェンダー・イデオロギー」という神に捧げている。

ここから、我々人間はいっさい進化していないことがわかります。アステカの人たちを見て「あんなことをしてはいけない」と言っていたのに、実際はもっと酷いことをしている。それも世界レベルで行われています。

アステカの神もジェンダー・イデオロギーという新しい神も血を求めている。「もっともっと欲しい」と毎日言って、血を供えさせるのです。何と怖ろしいことでしょう。

我那覇　生贄なんですね。同性婚を求める人たちには、子供を持つ権利を求める人もいます。そこから代理出産の話が出て、さらには機械の中で子供を培養するといった話も出始めています。生贄に通じる話で、これもまた恐ろしい話です。

モーガン　彼女たちは人質のようにも見えます。クロエさんはイデオロギーの人質になったのです。「死んだ娘と生きている息子、どちらがいいか選べ」と脅される。これは子供を誘拐して「子供が死ぬのとお金を渡すのと、どちらを選ぶか」と迫るのと同じです。LGBT、とりわけトランスジェンダーの世界は詐偽、人質、生贄と、あらゆる悪の混合体になっているのです。

第6章

「個の自由」を解放しすぎた社会の問題

❀ 離婚ブームとトランスジェンダーはつながっている

モーガン　これまで議論してきたようにＬＧＢＴ問題は、私たち一般の人たちの社会を脅かすだけでなく、ＬＧＢＴの人たちの多くも不幸にしています。ＬＧＢＴの人たち、とりわけトランスジェンダーが増えだすのは、１９９０年代からです。

なぜこの頃から増えだすのかを考えたとき、私が子供の頃にアメリカで離婚が流行ったことが関係しているようにも思います。

我那覇　モーガン先生が子供の頃というと、いつ頃になりますか。

モーガン　１９８０年頃です。この時期に私の両親も離婚しています。理由はとくになく、たとえば父親が暴力をふるうといったことは、いっさいなかった。ただこの頃、「離婚すれば、あなたも幸せになれます」といった言葉を耳にするようになりました。私はエセ心理学と思っていますが、「離婚して、みんなで幸せになりましょう」という考え方が流行った。

いまのトランスジェンダーの問題は、当時の離婚問題とほぼ同じだと思うのです。当時の離婚問題があったから、現在のトランスジェンダーの問題も起きているのではないでしょうか。

我那覇　離婚問題とトランスジェンダーの問題が、社会的につながっているということですか。

モーガン　はい。個人的な話で恐縮ですが私は両親が離婚したことで、父に対して複雑な感情を持つようになりました。私の母は、理想的な妻に見えました。帰ってくると晩御飯ができていて、子供たちが大好き。整理整頓も上手で、家の中はいつも片づいていました。そんな母を置いて父は家を出て行き、母は毎日泣いていました。

私が3、4歳頃の話で、当初は私が悪いのかと思っていました。「今日弟をいじめたから、二人はケンカしているんだ」とか。でも両親は「お前たちは悪くない」と言うのです。

離婚後も私は父とは会っていたので、そのときは自分の気持ちを殺していました。父は優しい人で、私たちのために何でもしてくれます。でも「家に戻ってきて」とは言えませんでした。自分の心が真っ二つになるのをいつも感じていました。

そんなトラウマを抱えて思春期を迎えた時期におかしな情報に接すれば、「自分が女になれば、この問題は解決する」「トラウマを治すチャンスが来た」などと考えたかもしれないと思うのです。変な飛躍的な思想かもしれませんが、子供の頃の男女、つまり父・母の亀裂を直すためにも、自分の心の中で、男女との間のギャップを跨いで、私は両方にうまくなれれば、昔のトラウマを乗り越えられる、と期待できたかもしれません。

現実的にそうとはならないと頭の中でわかっているとしても、そのような歪んだ期待は全く想像できないと断言できないですね。つまり、昔、離婚がつけてしまった傷の跡の治し方として、また男女問題のあの分野で自分が頑張って男女両方になれれば、という考え方です。

我那覇　それでトランスジェンダーになる。

モーガン　昔、自由を大きく掲げて離婚を推し進めている時代に離婚を選んだ父だけれども、例えばもし私が「女になる」と言っても、父は反対できなかったと思います。父は自由を崇拝していたからです。自分の自由を最優先して離婚したのだから、私の自由も認めざるを得ない。息子が「女になりたい」と言っても、「それはあなたの自由です」と答えるしかない。

つまりこの頃から社会の中の道徳が崩れ、「ダメなことはダメ」と言えなくなってしまったのです。アメリカで離婚が流行り、子供時代に両親が離婚した人が思春期を迎えたり大人になった頃、トランスジェンダーという問題が出てきた。何か関係あるように思えるのです。

大好きな母を父が泣かせている。でも父だから愛している。道徳的に許せないけれど、父だから許したい。そんな堂々巡りが、私の中でいまも続いています。同じような経験を持つ人が、精神的におかしくなり、おかしな考えを持つようになっても不思議ではないと思います。

「個人の幸せ」と「家庭の幸せ」を対立させる間違い

我那覇　1990年代にアメリカで離婚がすごく増えた。その影響が現在のトランスジェンダーにつながっているということですね。

モーガン　そうです。それを煽っているのが心理学者です。「自分のアイデンティティを認めて幸せになろう」というのが彼らの主張です。

でもキリスト教では、人生は苦しみです。仏教もそうです。人は完璧ではないし、人生は幸せになれるという保証はない。結婚もそうです。相手にもいろいろ欠点があるけれど、それを認めて愛する人と人生を共に生きる。

私は子供の頃、「世界はあなたを軸に回っているのではない。我慢しなさい」とよく言われました。日本でも「男は我慢しろ」と言いますが、とてもいいことだと思います。ところが当時のアメリカは「我慢」を捨ててしまったのです。

結果として社会が崩れ、私の家庭も台無しになりました。LGBTもそうです。いまの自分に我慢ができない。

我那覇　そうしたイデオロギーの先にあるのは、幸せではありません。自分自身も幸せになれないし、周りも一緒に巻き込んでしまう。

よく「個人の幸せのため」と言いますが、イデオロギーは「個人の幸せ」と「社会の幸せ」や「家族の幸せ」を対立させて、戦わせようとします。女性を家事から解放して「個人としての幸せの追求」などと言いますが、母親が一家の主婦として、おいしい御飯をつくる。それは家族の幸せだし、母親自身の幸せや生きがいでもあるはずです。

同様に、「個人の幸せ」と「社会の幸せ」も対立するものではありません。むしろ個人が幸せにならないと、社会も幸せにならない。それを無視した思想は罪深いです。

モーガン　１９５０年代のアメリカで「女性を家事から解放しよう」というキャンペーンがありました。そして１９６０年代に入ると、ベティ・フリーダンの『女らしいという神話』という本が出版され、ウーマンリブが更にヒートアップしました。男性のコントロール、家庭という刑務所から自由になりたい、という社会運動です。でも「解放して何をするか」という議論はありませんでした。解放して男性のように働けばいいのか。

我那覇　それはそれで大変です。

モーガン　そう。幸せではない。私の周りを見ても「赤ちゃんが欲しい」と言っている女性はたくさんいます。日本では、まだそれを言える雰囲気があります。学生に「将来何になりたいですか」と尋ねて、「専業主婦」と答える人はまだまだいます。それはとてもよいことだし、社会もそのほうがよくなると思います。

アメリカにもそう感じている人はいるはずですが、それを言う人はいません。それは人生の大失敗になるからです。

我那覇　えっ？　専業主婦は失敗なんですか。

モーガン　「いろんな可能性が広がっているのに、赤ちゃんのおむつを替えるだけでいいんですか？」というわけです。これはとても失礼な話で、母親の仕事は赤ちゃんのおむつを換えるだけではありません。

主婦や母親は、一番難しい仕事だと思います。給料は0円ですが、彼女たちがいなければ社会は総崩れします。私の母も給料0ドルでした。私のおむつを替えて、お尻をペンペン叩き（笑）、転んだときに絆創膏を貼ってやる。そんな世話をどれだけ焼いても、その報いは0ドルです。それでいて、いまなお「あなたの母になれて私は幸せだった」と言ってくれるのです。

これは母の本心だと思います。息子のおむつを替えることで「人生が大失敗だった」とは思っていない。そうした女性の美しい心を、なぜ否定するのかわかりません。

我那覇　私の好きな詩に、マクロビオティックの創始者・桜沢如一氏が書いた「母性に捧ぐ」があります。「すべての偉大なる人物は母から生れ、母の手に育てられる」と述べたあと、「ゲーテよりもゲーテの母」「野口英世よりも野口英世の母」などと偉人の名前をたくさん挙げたあと、「すべての偉大なる人々より、彼らのかくれた母を私は尊敬する」と続けるのです。

こうした母たちは、公の場で表彰されないし、産むのも大変だし、ただただ子供に尽くした。そんな母たちがいてこそ、この社会がある。だから母になる人は、食事に気をつけなければならないという内容ですが、とても感動です。本当に母は偉大で、私も母に感謝しなければならないと思います。

世界は母親の愛情の上にできている

モーガン　LGBT問題の解決には、母親をもっと評価することが必要です。先に述べたように、自民党の杉田水脈議員が雑誌に「LGBTは生産性がない」と書いて物議を醸しました。私はLGBTに対する杉田議員の主張に大枠では賛成です。しかし、「生産性」という考え方をこの問題に持ち込むことには、異議を申し立てます。

さらに、安倍晋三元首相も「女性が輝ける社会」などと発言しました。これに対しても違和感を持ちました。母親は十分輝いています。なぜ、会社などで働かなければ輝いていないと考えるのか。日本における母親は、アメリカ以上に重要な存在だと思うのに、それが崩れつつある。代わってLGBTという存在が注目されだしたのです。

我那覇　何かあったときに、子供の心を支えてくれるのが母親です。母親がいなくなるから、子供は自分の中で世界をつくりだし、自分を支えざるを得ないのです。

モーガン　先に『デボラの世界　分裂病の少女』で、患者が自分で言葉をつくるという話がありました。ＬＧＢＴの人たちは、まさに同じことをやっています。「ホモフォビア（同性愛嫌悪）」や「トランスフォビア（トランスジェンダー嫌悪）」など、おかしな病名までつくりだす。新しく言葉をつくることで、孤独を解消しようとしているのです。でも母親の愛情さえあれば、そんなものは要りません。

我那覇　本当にそうです。

モーガン　アメリカには「ママズボーイ」という言葉があります。子供同士で「川で泳ごう」という話になったとき、「お母さんに止められているから泳がない」と言うと、「お前はママズボーイだ」とバカにされるのです。私もよく他の子に対して言っていて、そしてよく言われました。「ママズボーイ」は、社会の非常に重要な基盤ですね。男らしさを育てている言葉です。

同時に、そのフレーズの中で、母の愛情の大切さが潜んでいると思います。本当は男として、川で泳げるところをみんなに見せたい。だから泳いだりもするのですが、母に知られると、とても心配されます。その様子を見て、母が自分を愛してくれていることを再確認する。やはり世界のすべてが、母の愛情の上にできていると思います。

そういう概念が、日本でもなくなっているのではないか。本当なら、すべての専業主婦に勲章をあげたいぐらいです。私なんて赤ちゃんが泣きだせば、「ちょっと会議があるから」などと言って逃げ出すでしょう（笑）。それに日々対応しているお母さんは偉い！

ＬＧＢＴ問題も、もう少し母親の愛情と父親の厳しさがあれば、自然に世の中のバランスが取れて解決するように思います。

❀ＬＧＢＴ問題は都会の問題でもある

モーガン　そしてこれは、「都会と家族の矛盾」という問題でもあると思います。私は田舎育ちで、子供が外で遊んでいても、家のドアを開けていれば子供の遊ぶ様子がわかりました。夕方になって「帰ってきなさい」と呼べば、すぐに子供が帰ってくる。これは母親として、ずいぶん精神的に楽だったと思います。

そのあたり都会の母親は、難しいところがあります。日本の母親が復活するには、もしかしたら地方に戻り、美しい自然の中で子供が遊べる環境に身を置くことが大事かもしれません。そうすれば子供の数も、自然に増えるのではないでしょうか。

我那覇　確かにずっと家の中にいる環境だと、子供が多いと大変です。その意味で都会は、多くの子供を育てにくい環境です。

モーガン　加えて教育費や塾代なども大変です。私は塾に行こうと思ったことが一度もありません。川や木の上が、私の塾でした（笑）。その意味でＬＧＢＴ問題は、都会の問題でもあると思います。猿のように木を登っている男の子たちには、イデオロギーを考える暇がないです！

我那覇　おっしゃるとおりです。いまの社会、とくに都会は人が不幸になるようにできていると思います。ただ人間には防衛本能や自衛のメカニズムがあり、それを逆手に取られてトランスジェンダーになる人もいる。あるいはウーマンリブになって男性を敵視する。そうすることで自分を肯定しようとするのです。

根本は子供時代に家庭でどう育つかですから、家庭に立ち返るのは大事です。私自身でいえば、小学生の頃までは友達がたくさんいましたが、中学生になるといなくなりました。軽いつきあいの友達はいますが、親友のように深くつきあえる人がいないのです。

モーガン　引っ越しでもしたのですか。

我那覇　そうではなく、私は「家でテレビを見てはダメ」と言われて育ったんです。学生の本分は勉強ということで、勉強に打ち込んでいました。それがまた楽しかったのですが、いま振り返ると我が家はかなり特殊だったと思います。父が読書家で、世の中がおかしなイデオロギーに毒されているとわかっていたのです。

モーガン　お父さんは「琉球新報、沖縄タイムスを正す県民・国民の会」の運営委員をされている方ですね。

我那覇　だから例えば学校の社会の授業に気をつけなければいけないと教わっていました。先生の言うことと父が言うことが、いつも違うのです。父は毒された社会から、家族をいかに守るかを考えてくれていたと思います。

モーガン　素晴しいお父さんです！

我那覇　家の事情が全然違うので、話の合う友達がいなかった。テレビも見ないから、テレビの話もできない。それで将来の夢に向けて、打ち込むようになるのです。

モーガン　「夢はＦＢＩ（アメリカ連邦捜査局）で働くこと」ですね。ご本で読みました。

我那覇　だから友達とも話が合わない学生時代を過ごし、すごく悩んだりもしました。それでも大人になって思うのは、大変な環境の中で父が精一杯、家族経営をしてくれたということです。友達にしても、いろいろ取材するようになって増えだし、父に感謝しています。

歴史教育も含め、イデオロギーに毒されるかどうかは、家庭から始まります。いまのような社会だからこそ、家族の絆は大切だと思います。

保守派の人たちが集まる集会に行くと「家族と話が合わない」と言っているお父さんたちがたくさんいます。娘がリベラルな考え方をしているなど、要因はいろいろあるでしょう。ただそれを聞いて思うのは、父親と過ごす時間のほうがよほど多く、血も繋がっているのに、なぜ父親の言うことよりテレビのキャスターなどの言うことを信じるのかです。

モーガン　本当にそのとおりです。

我那覇　家族が分断されていて、その結果いろいろな洗脳も入りやすくなっている。思春期の子供を持つ親にしたら、学校に子供を人質にとられ、洗脳されていく感じです。イデオロギー的に子供が人さらいにあっている社会になっているのです。

こんな社会に生きている私たちは、けっして幸せとは言えません。挙げ句の果てに、子供も産めない体にされてしまう人たちもいるのだから、この問題はけっして見過ごしてはいけません。

現時点では、私の親しい人でＬＧＢＴ問題に関わって大変な目にあっている人はいません。それなのにこの問題に取り組むのは、これが家族を攻撃するからです。それを私は絶対に許せない。だからこの問題に熱くなるのだと気づきました。

✿ 愚かな父親ばかり出てくるアメリカのテレビ

モーガン　私も同じです。違うのは、私が家族を失っていることです。小さい頃から大切な家族をバラバラにされた。これは絶対に認めてはいけない。そしていまセクシャル・レボリューションの犠牲者になっているのは、弱い人たちです。弱い人たちをターゲットにして、さらなる社会の破壊を目論んでいる人々を絶対に許せません。

ＬＧＢＴ活動家が共産主義者やゲイの人たちと組んだのは、家族を壊すためです。それが大成功したことが、アメリカのテレビを見るとわかります。いまのテレビに出てくる男性や父親は愚かな人ばかりです。

１９５０年代は違いました。当時の有名なドラマがあります。例えば、『リーブ・イット・トゥ・ビーバー』と『パパは何でも知っている』などという番組で、父親は働いていて、土日でもスーツを着ている。そして父親に何か聞けば、含蓄に富んだアドバイスをくれるのです。パイプをくわえながら、「それは面白い問題だね。私だったら、こうするかもしれないね」などと言って。

ここに出てくる父親は、経験豊富で知恵のある人間です。妻も大切にしていて、外では妻のためにドアを開けるジェントルマンです。私の父もそうで、祖父もそうでした。そうした家庭のどこがダメなのか。なぜ壊したいと思うのか。父の場合、内部から自分の手で壊してしまったのです。不思議で仕方がない。

先ほど言及した番組に出る父親たちは、彼らの妻は幸せだと思うし、私の祖母も束縛されていたどころか、とても自由でした。友達と一緒に遊んで、仕事も自分のやりたいことをパートでやっていましたから、何も外部で仕事をしなくても済むわけです。奴隷扱いどころか、羨ましい。

このような家庭は家父長制で、奴隷制のように男が女をコントロールしているからダメだと言う人もいますが、まったく違います。もし女性に自由がないとしたら、それは子育てによるものです。子供ができたら、男性も女性も子育てを最優先するのは当然です。

❀「ありのままでいい」と唱えた心理学の責任

我那覇　家庭がおかしくなり、ＬＧＢＴの問題が出てきた背景には、心理学の責任もあると、以前モーガン先生に伺いました。その話もお願いできますか。

モーガン　心理学は本来、人を助けるためのものです。たとえば心理学者と面談し、自分が抱えている問題を話しあうことをセラピーと言います。セラピーとは「人の心を治す」という意味です。ただもっと広義で考えれば、神父のような役割を果たしていると思います。

セラピーで心の問題を話すのは、神父に懺悔しているようなものです。罪を告白し、許してもらうのと似ています。懺悔は誰にも必要で、それは誰もが罪を犯しているからです。

昔の神父は懺悔をされたとき、「ダメなものはダメ」と言っていました。ところが心理学者の中から、「どんなことでも認めるべき」と唱える人が出てきたのです。その始まりが19世紀末に出てきたジークムント・フロイトです。彼がそれまでとまったく違う、新しい人間像をつくろうとした。ここから心理学が歪みだすのです。

我那覇　フロイトは『精神分析入門』『夢判断』が有名です。彼が心理学を歪めていったのですね。

モーガン　男の子は自分の母親と結婚したい。そのために邪魔な父親を殺したいと考える。これをギリシャ悲劇の「オイディプス王」にちなみ、「エディプス・コンプレックス」と名づけました。でもこれは、まったくナンセンスです。私は自分の母親と結婚したいと考えたことがないし、多くの男の子もそうです。

また人間の心には「イド（無意識）」「エゴ（自我）」「スーパーエゴ（超自我）」という3つの断層があり、つねに戦いあっていると唱えました。これも違います。

フロイトはユダヤ人で、ユダヤ人とキリストの考えは、ほぼ同じです。我々人間は神様に創造され、このような体と心を持っているというものです。ところがフロイトの心理学は、人間の心をまったく新しくつくりだそうとしたのです。

我那覇　ユダヤ人だけれど、ユダヤ人の考えを否定した。そして新しい人間像をつくろうとした、という訳ですね。

モーガン　これに異論を唱えたのが、フィリップ・リーフです。彼は心理学が新しい宗教かイデオロギーのようになっていて、社会をダメにしていると問題提起しました。リーフは言わないけれど、たとえば精神療法家のジョージ・ワインバーグは、「ホモフォビア（同性愛嫌悪）」という言葉を多用していました。

「ＤＳＭ」と呼ばれる精神障害の診断・統計マニュアルがあります。ここには、ありとあらゆる精神障害に関する記述が載っています。精神科医は自分の患者と面談を行い、それが終わるとＤＳＭを見て「この患者は何々病」などと診断するのです。

ただマニュアルは人間がつくるものなので、時間が経つ中で変化していきます。たとえば50年前に男性が「私は男性が好きです」と言えば、それは精神病の一種で治せるものだと考えられていました。

ところがワインバーグは「同性を好きになるのは病気ではない」とＤＳＭから削除するキャンペーンを始めるのです。ＤＳＭの初版は１９５２年ですが、60年代に出た第２版でホモセクシャルは肯定的に書かれています。２００２年の版では、もはや病気や障害とは扱われていません。

我那覇　キャンペーンが成功したのですね。

モーガン　これは心理学の腐敗です。心理学が精神病を治すものではなく、「社会の狂いを受け入れること」が目的になったのです。

１９７０年代、80年代になると、アメリカで自己啓発本ブームが起こります。これはいまの自分を認めつつ、足らない部分を磨くというものです。しかし根本的問題から目を逸らすためのいわゆる自己啓発ブームだったのですね。

我那覇　それは健全な考え方です。

モーガン　一方、ワインバーグらの新しい心理学が唱えるのは「ありのままでいい」ということで、こうなると病気という概念は総崩れします。「病気も含めて、あなた自身」とするなら、健康と不健康の概念そのものが消えてしまいます。

「太い」を意味する「ファット」という言葉がありますね。これ自体は事実を指す言葉で、いいも悪いもありません。ただ最近は「ユー・アー・ファット」と言うと、「お前は太っている人をバカにしている」「偏見の目で見ている」と糾弾されます。

最近はそれどころか「ファット・イズ・ビューティフル」と、学術雑誌が打ち出すようになっています。「ファット学」も生まれ、「社会にある肥満に対するネガティブなイメージはどこから来るのか」「そうしたイメージといかにして戦うか」といった研究を行っています。

我那覇　「肥満は美しい」という学問があるとは驚きです。

モーガン　学術雑誌も発行されていて、専門の学者もいます。私の母校にもいて、「私は太った黒人です」と自慢しています。さらにSNSで「私は太った黒人のレズビアンです」などと投稿し、自分が食べたものをアップしたりしています。

見ると全然健康的でなく、ファストフードばかりです。それを自慢しているのです。それに対して私が否定的な意見を言うと、「あなたは私を否定している」と言いだす。「太りすぎは健康に悪い」と言っているだけなのに、「私を否定している」となる。つまり何でも個人問題として勝手に捉えて、本質に至るためにしている知的な会話を止めさせるという戦術です。こういう人たちの言い分を受け入れるのが、いまの心理学なのです。

❀フロイトの理論をキンゼイが実践した

我那覇　すごく傲慢ですね。「私は善だから受け入れろ」みたいな……。

モーガン　これがフロイトから一直線に繋がっていると思うのです。フロイトは神が嫌いで、人間もたいしたものではないと思っていました。だから彼の言う人間は、みんなクレージーです。「赤ちゃんは生まれつき、性的衝動を持っている」とか。
我那覇　第2章で議論したキンゼイも似たようなことを言っていました。
モーガン　キンゼイが行ったことは、フロイトの理論を実践しただけです。
我那覇　そういう関係性があるのですね。狂人から狂人へバトンタッチされた。
モーガン　まさにインテリが社会を壊すのです。バカなことを言うインテリが大学の中で守られ、次のバカな人間が現れ、さらに一歩進める。挙げ句、地獄になるというのが心理学の歩んできた道です。

すでに述べたように、アメリカは第二次世界大戦後にゲイを認めました。ここからアメリカ社会は性的に狂ってしまったのです。社会がサブカルチャーを認めて、それを逆に一般社会に取り入れようとすれば、それはどこの社会でも壊してしまうのです。アメリカがそういうことをやったのは事実です。結果は今のアメリカのご覧の通りです。

テレビなどを見ると、１９５０年代のアメリカは服装なども保守的で、保守的な社会に見えます。でもそれは錯覚で、たとえばヒュー・ヘフナーなどの変なサブカルチャーが徐々に根をおろします。

またワインバーグが演説で「ホモフォビア」という言葉を使いだすのは１９６５年で

す。さらに4年後、『スクルゥー』というポルノ雑誌が刊行されました。

非常に汚い性行為を意味する単語で、そこで「私は女性として不特定多数の男性とセックスしたい。男性も同じことをしているじゃないですか。それのどこがいけないのですか」という質問が掲載されました。

これに対して心理学者は、「それがあなたの幸せなら、それはいいことです」と認めるのです。昔、最高の幸せを意味した「神の顔を仰ぎ見る」という言葉を使い、「セックスやオーガズムは素晴しい」と心理学者が認めたのです。

我那覇　性は「何でもあり」なものになった。

モーガン　「みんなの幸せは、みんなで決める」という言い方があります。これは幸せの基準がなくなったことを意味します。「真善美」がかつては幸せの基準でした。「悪と善」もそうです。みんながわかる基準があった。それがなくなり、「私がいいと思っているのだからいい。それを認めないあなたは私を否定している」とごまかすのです。

我那覇　心理学が「ダメなものはダメ」と言わなくなり、「ありのままの自分」を認めるようになった。それがＬＧＢＴ問題をより助長させたということですね。

終章

LGBTと戦うハンガリーからのヒント

❀児童保護法で活動家から子供たちを守るハンガリー

我那覇　ここまでモーガン先生とＬＧＢＴ問題について、アメリカの話を中心に現状と過激化した背景などを議論してきました。最後に、今後日本でも活発化すると思われるＬＧＢＴ活動家たちの動きを抑えるために、私たちは何をすればいいか、考えていきたいと思います。

まず参考にしたいのが、効果を発揮している海外の対策です。世界にはＬＧＢＴ活動家の魔手から子供を守るため、積極的に動いている国もあります。その事例を知ることは参考になるのはもちろん、大きな励みになります。

とくに私が注目しているが東欧のハンガリーです。アメリカのエマニュエル大使が日本にＬＧＢＴ運動を盛んに押しつけようとしていますが、これは日本だけで起きている話ではありません。アメリカは各国で大使を通じてカラーレボリューションを起こそうとしています。これに激しく抵抗しているのがハンガリーです。

モーガン　第２章でハンガリーがＬＧＢＴを弾圧しているという理由で、ビザ免除プログラムのＥＳＴＡの有効期限が短縮されたという話が出ました。またウクライナ問題への対応でもアメリカとぶつかっています。

我那覇　ハンガリーはＥＵやＮＡＴＯに加盟していて、ウクライナ難民もけっこうな数を受け入れています。ただウクライナ戦争が長引くのはよくないとも言っていて、そこから「ロシアの肩を持っている」とアメリカやＥＵに非難されています。とはいえ一番現実的な見解を示しているのがハンガリーだと思います。

もともとハンガリーは反骨精神に富む国で、たとえば移民について、合法的な移民は受け入れていますが、不法移民に関しては厳しい。２０１８年には「不法移民を支援するＮＧＯ団体を罰する法律」を成立させ、これに「ストップ・ソロス法」と名づけました。ハンガリー出身で、不法移民斡旋を画策している投資家ジョージ・ソロス氏への牽制です。

モーガン　19世紀に誕生したオーストリア＝ハンガリー帝国の名残りで、やはり大国としての矜持があるのかもしれません。

我那覇　加えて大国に挟まれ、周辺国から様々な干渉を受けているので反撃する精神が強い気もします。この精神がアメリカのグローバリスト達が世界で進めようとしているカラーレボリューションにも対抗して発揮されているのです。

先に紹介した通り、一つは児童保護法の制定です。18歳未満の児童に対して、学校教育で同性愛や性転換などのトピックを話題にすることを禁じるものです。さらに、メディアがそれらのコンテンツを配信することを規制する法律です。

２０１１年に女性に対する暴力と家庭内暴力の防止と撲滅を目指すイスタンブール条約が欧州評議会で署名されました。これを隠れ蓑にグローバリストとＬＧＢＴ活動家は、イデオロギーを押しつけようとしています。そのような動きの対抗策として設けたもので、アメリカでもフロリダ州のデサンティス知事をはじめ、ＬＧＢＴ運動に危機感を抱いている人たちが参考にしています。

そして、ハンガリー議会はイスタンブール条約に署名しないことを宣言しました。また最近、胸のすく出来事がありました。現在駐ハンガリーアメリカ大使を務めているデイビッド・プレスマン氏はゲイで、カラーレボリューションを推進させるために派遣された人物のように思えます。

日本ではエマニュエル大使が、プライドパレードに出るなどして政府に圧力をかけてきましたが、ハンガリーでもプレスマン大使が同様のことを行っています。

日付を調べると、日本では２０２３年6月13日にＬＧＢＴ法を衆議院で可決し、さらに

16日に参議院でも可決されました。この16日にブダペストでは、LGBT活動家によるプライドパレードが行われています。プレスマン大使はこのパレードに参加し、演説もしています。同時多発テロならぬ、両大使の共謀性を感じます。

このときの大使のスピーチは、まるでカラーレボリューションの教科書のような、「敵ながらあっぱれ」と言いたくなる見事な内容でした。

まず「私もゲイです」という挨拶から始まり、「私のパートナーもこの場に来ていて、嬉しく思っています」と言うと、会場から拍手喝采が起こりました。そして「ハンガリーを含む世界中の国々で、LGBTの人々が攻撃を受けています」と激しい政府批判を始めました。

本来、大使は派遣国の内政に口を出すことは禁じられています。ましてや政府批判など、外交上ありえません。にもかかわらず、「世論調査の支持率を上げるために弱者を食い物にしている」などと、憎悪を煽る激しい言い方をしたのです。

モーガン　まさに、LGBT活動家の得意な手口です。

我那覇　さらに「この国は多くの人たちにとっての祖国である」と述べ、「ゲイのハンガリー人」「レズビアンのハンガリー人」「バイセクシャルのハンガリー人」「トランスジェンダーのハンガリー人」とＬＧＢＴの人たちにあえて呼びかけます。そしてハンガリー政府がＥＵの政策執行機関である欧州委員会を非難し「ブリュッセル爆弾」と呼んでいることに対し、次のように述べました。

「ブリュッセル爆弾のポスターがいかに街中に貼られようとも、現実にハンガリーは外部の攻撃にさらされているわけではない。リベラルウイルスや西欧の頽廃にやられているわけではない。ジョージ・ソロスの前に萎縮しているわけでも、全能の陰謀権力に翻弄されているわけでもない。（中略）平等を追い求めるハンガリーの物語は、外国人によって書かれているものではありません。ハンガリー人の手によって書かれているのです！」

モーガン　アメリカの手先ではなく、ハンガリー人自らが自由のために戦っているように装っています。敵ながら、煽り方が見事です。

我那覇　カラーレボリューションは、おもにアメリカのグローバリストが現地の人たちをスカウトして、運動に協力させている構造です。それをあたかも自分たちの意志で戦っているように演説したのです。さらに首相官房長官のローガン・アンタル氏の名を出して、次のように述べました。

「ニュースはこの真実の物語を事実に基づいて報道すべきですが、私はすでにローガン大臣のチームが明日の新聞用に口述した見出しを想像できます。間違いなく私のことをハンガリーに内政干渉しながら挑発、西洋の〝ウォーク〟の輸入、卑猥な価値観を押しつけたとして非難するでしょう」

モーガン　ウォーク（ｗｏｋｅ）は「意識が高い」といった意味です。ＬＧＢＴ絡みでは、保守派がＬＧＢＴ系の人たちを非難するときによく使う言葉です。「意識が高い」とＬＧＢＴイデオロギーを推している人がそう自慢しているが、実は意識がほぼゼロに近くて、あまりにも物を知らなさ過ぎてそれを揶揄している意味で「ウォーク」と使っています。

我那覇　さらに、こうも言っています。

「政府に抑えられ、コントロールされているメディアたちは、この演説の全文を掲載しないでしょう。彼らがカットするのはいつものことですが、この普遍的人権を信じるのはハンガリー人であり、そのための闘いの指揮をとっているのはハンガリー人です。彼らがカットするのは、ここいる皆さんなのです！」

モーガン　ハンガリー人の意思を、政府が無視すると言いたいのですね。政府と国民の分断を狙った悪意に満ちたスピーチです。

我那覇　最後に次のような言葉で締めくくっています。

「世界はつねに憎しみと恐怖で溢れています。団結するよりも分裂させ、築き上げるよりも引き裂くことを望む人々がつねに存在するのです。

私たちのほうが強いのです。より良きもの、より正しいもの、価値あるもの、公正なもののために戦っているのは私達です。アメリカ合衆国はつねにその側に立つのであり、この正義の闘いにおいてあなたの味方であります！」

さらに演説の翌月、各国の駐ハンガリー大使を引き連れて声明文も発表しました。

モーガン　日本のときと同じやり方ですね。

我那覇　38カ国の大使とＬＧＢＴ関連の団体で、ハンガリーに圧力をかけたのです。

モーガン　フランス、スウェーデン、オランダ……。ほとんど西欧先進国の国じゃないですか。やはりハンガリーを含め、グローバルサウスを見下しているのです。

〝ＬＧＢＴの代理人〟たちに送った国務長官の反論

我那覇　そうです。でもここでハンガリーは負けていません。数日後ハンガリーの外務貿易省のメンセール・タマス二国間関係担当国務長官が「LGBTQの大使へ」と題したメッセージをフェイスブックに載せました。その内容がふるっています。

「駐ブダペストの38名の大使が児童保護法に対し、プライドパレードと関連づけて非難したことについて、コメントをいくつか」と述べ、次のような言葉を述べています。

「1　たとえ彼らが私たちに圧力をかけ、攻撃してきたとしても、私たちはハンガリーの子供たちをLGBTQのプロパガンダから守ります！」

そして以下、各大使への質問という形で続きます。

「2　フランス大使へ：移民暴動の際に放火された1万2000台のクルマはまだ燃えていますか？
3　スウェーデン大使へ：今週スウェーデンではギャングの抗争で何人の10代の子供が撃たれましたか？
4　オランダ大使へ：オランダはまだ麻薬国家ですか？　オランダの警察組合の会長が自国をこう呼んでいました。
5　スロバキア大使：母国で政府の危機がなかった日を覚えていますか？
6　ドイツ大使へ：ドイツの民主主義の現状を心配していませんか？

7　アメリカ大使へ：成熟したアメリカの民主主義が将来、民主主義の基本である公正な選挙を実施できるかどうか、どのように感じていますか？　前回の選挙では世界中が泣き、笑いました。

8　署名したすべての大使の国々について、この質問を続けることもできます。

9　名誉ある駐ハンガリーの大使の皆様に申し上げたいのですが、皆様はハンガリーに対して責任ある地位におられません。そしてハンガリーは植民地ではありません。

10　自国が深刻な民主主義の問題を抱えているにもかかわらず、他国の内情を扱っていることに私は驚いています。

＋1　このような振る舞いは、ハンガリーの政策から完全に逸脱しています。シーヤールトー外務貿易大臣の指示によれば、ハンガリー使節団のリーダーはつねにホスト国に敬意を払い、内政にはけっして口出ししません。内政はよその外交官の与かる仕事ではなく、そこに住む人々のものです。相互尊重の道を踏み出すのは、いまからでも遅くありません。我々もブダペストの大使たちを歓迎致します！」

モーガン　格好いい！　日本に来ていただきたいです。

我那覇　最後の「＋1」は、最近使われるようになった「ＬＧＢＴ＋」を意識しています。「ＬＧＢＴ以外にも性的マイノリティはいる」「性は多様である」というわけですが、これにかけているのです。

モーガン　なるほど。大いなる皮肉ですね。

我那覇　原文はハンガリー語で、これをアメリカの大使が英訳してフェイスブックにアップしたのです。「こんな返事が来た」と。

モーガン　「ＬＧＢＴＱの大使たちへ」と我那覇さんが訳した部分は、英語だと「アンバサダーズ・ＬＧＢＴＱ」です。これはすごい表現で、「お前たちは自分の国を代表しているのではなく、ＬＧＢＴを代表している」。

我那覇　あっ、そういう意味合いなんですか。

モーガン　私には、そう読めます。アンバサダーは「代理人」という意味もあるので、あえてそういう表現をしたと思います。自国の代表ではなく、イデオロギーの大使になっているということです。

なぜ日本とアメリカで、このような気概のある政治家が出ないのか。バイデン政権に至っては、わざわざゲイの大使をハンガリーに派遣しています。

我那覇　日本では、パレードと同じ日に参議院でＬＧＢＴ法案を可決しました。ハンガリーは断固として戦っているのだから、日本でもできないはずありません。

モーガン　そのとおりです！

✿日本の10県にまたがる反LGBTイデオロギー議員団

我那覇　ハンガリーのような国ともっと友好関係をつくるべきです。日本でも自治体には、そういう思いを抱いている政治家がいます。どのように条例をつくって、わが町を守るかを真剣に考えています。

たとえば、参政党はそうです。10県にまたがる議員団をつくっています。北海道、青森、群馬、神奈川、東京、愛知、大阪、愛媛、佐賀、石川です。沖縄には残念ながらありませんが、こうした人たちにハンガリーの動きを研究していただきたい。読者の方には、わが国にもそういう議員たちがいるということを知ってほしいです。

「LGBT教育の抑制はけしからん！」などと言う人もいますが、いま行われているのは教育ではありません。子供の洗脳であり、虐待です。だからハンガリーも、児童保護法で対抗しているのです。LGBTの人たちの人権がどうするという話ではありません。その意味でも、ハンガリーの動きを知っていただきたい。

モーガン　有志による連盟に興味を持つ人は多いと思います。「国際的な連盟」をつくってもいい。アメリカにも、ハンガリーに憧れて何度も訪問している保守派がいます。なかには昔リベラルだったけれど、保守派に転じて子供を守る方法を考えている人もいます。オルバーン・ヴィクトル首相と親しくなったというロッド・ドレハー氏は、ネットでさまざまなハンガリーの情報を発信しています。非常に勉強になるサイトで、こうしたところから国際的な繋がりが生まれるかもしれません。

我那覇　先に述べたようにアメリカは、２０２３年8月からハンガリー人に対する渡航条件を厳しくしています。そこには児童虐待を止めようとする人たちを、アメリカに行かせない目的もあるかもしれません。

さらに二重課税の問題もあります。アメリカはハンガリー在住のアメリカ人で仕事をしている人が二重課税にならないための条約を１９７９年から結んでいます。

モーガン　日米間でも結ばれている条約ですね。

我那覇　バイデン大統領はこの条約を解消する発表を昨年行いました。二重課税を嫌ってハンガリーを離れるアメリカ人も増えるでしょう。ここでもアメリカとハンガリーを引き離し、孤立させようとしています。同じことを日本がちらつかされ、いよいよ弱腰にならないか心配です。

モーガン　エマニュエル大使は、それを見越して脅しているのかもしれません。

我那覇　十分考えられます。日本はハンガリーがされていることをよく見て、アメリカの出方を探っていく必要があります。

✿ハンガリーに先立って戦ってきたアフリカの国々

モーガン　あとはアフリカの国々がキーになると思います。

我那覇　アフリカ諸国が頑張っているんですか？

モーガン　ガーナやマリが、かなり頑張っています。アフリカの中で、かなり健全な常識のある国々です。「こういうことをしてはいけない」という規範がある。ウガンダやナイジェリアもそうです。

ナイジェリアの女性が書いた、お勧めの本があります。「欧米人は避妊薬や中絶、LGBTなど、おかしなイデオロギーを我々に押しつけようとしている。私たちナイジェリア人は大家族で幸せに暮らしたいのに、なぜそれを壊しにくるのか。これは思想的な新植民地主義である」。そんな内容が書かれています。

著者はオビアヌジュ・エキオチャという、とてもきれいな黒人女性です。『ターゲット・アフリカ』というタイトルで、ぜひ和訳したいと思っています。発売は2018年で、読めばナイジェリアがハンガリーに先立って戦ってきたことがわかります。植民地になるのがどういうことか、よくわかっているので、アフリカの人々は非常に頑張っています。

我那覇　すぐにでも、アフリカに行きたくなってきました(笑)。

モーガン　私は「白人至上主義」と呼んでいますが、アメリカのエリートはいつも「白人が教えてやる」という立場にいたいと思っています。その最たるものがエマニュエル大使で、「白人至上主義＝エマニュエル大使」です。「私が未開の日本に文明を教えてやっている」と、とんでもない勘違いをしているのです。

我那覇　彼のSNSを見ると、本当にそんな感じです。

モーガン　「お前たちは未開だ」「感謝しろ」と。それに対抗するには、国際的な研究会を設けることも大事です。日本でもいいし、ハンガリーやアフリカでもいい。ポーランドやロシアも頑張っています。

我那覇　ロシアはプーチン大統領が２０２３年7月24日に、性転換を原則として禁じる法律を成立させました。それに先立つ２０２２年末には、同性愛を助長させる情報の拡散を全面禁止し、違反企業に次々と罰金を科しています。

今回成立した法律は、先天的異常を持つ子供の治療を除き、性転換手術や性転換に関連する薬の投与を禁止。身分証上の性別変更や、すでに性転換した人が養子縁組することなども禁止するそうです。たぶん同性婚を禁じているからだと思いますが、間違いなく戦っています。

モーガン　ウクライナ問題はともかく、これについてはウラジーミル・プーチン大統領を評価できます。独裁者と言われていますが、この点については「よくやった」と。もはやワシントンは完全にイデオロギーテロリストになりました。ロシアやベトナムなどのほうが健全です。

まずは「親の会」を設立する

我那覇　確かに、世界の良識ある国々と連携することは大切ですね。一方で、日本が自ら喫緊に進める必要のあることがあります。まずは何よりも「親の会」をつくることです。子供がターゲットになると、まず親が孤立させられます。それを防ぐには親たちが団結して、情報共有する。

彼らが親を追い込むための殺し文句は決まっています。「死んだ娘と生きている息子のどちらがいいですか」というセリフは典型です。そうした情報を蓄積、共有しておくのは、親を守ることにもつながります。

ハンガリーでは、性教育の教材は政府が許可したものでないと認められません。たとえば「性はグラデーションになっていて変えることも可能です」「自分で選べます」といった教育は、混乱をもたらすだけです。こうした内容が書かれているものは教材として認めない。

学校が権威をもって教えたら、たとえ学説の一つであっても、子供にはそれが事実になってしまいます。

あるアメリカ人へのインタビューで聞いた話ですが、子供にどの程度の性教育を行うかは各家庭の判断に委ねるべきだと。性のような曖昧なものを学校で強制的に教えるのは認めるべきではないと、おっしゃっていました。あえてルールをつくるなら、そのような形がいいように思います。

モーガン　１９２９年にローマ教皇が人々に向けて出した「Divini illius magistri」という勅書があります。第65段落では性問題に触れていて、「『子供を守る』と嘘をついて性教育をする人に対し、警戒しなければならない」と。要はその時期が来たら、各家庭で父親や母親が教えればいいのです。

日本人がＬＧＢＴ問題にどのように向かうべきかというと、日本の伝統をそのまま何も変えず、いまのままを続ければいいと思います。相手と意見が違っても議論するのでなく、それに触れない。それが文明です。自分と相手の考えが違っても、人間レベルでのつきあいを大切にする。

私はたぶん「札付きのネット右翼」で、「モーガンの意見が大嫌い」という人は職場にもいるはずです（笑）。でも同僚は何も言わない。「おはようございます」「お疲れさまです」と、ふつうに挨拶してくれます。研究室に来て、「この記事は何なんだ！」などと怒りだす人はいません。非常に大人の対応で、「世の中はこんなもんだ」という、ある種の諦観をお持ちです。日本はありがたい社会です。ＬＧＢＴイデオロギーを推している輩はその美しくて、バランスのよく取られた日本を壊そうとしていますが、私は、今までのままの日本を全力で守りたいと思います。本当の自由は、深い文明の中から、すなわち社会の秩序の中から芽生えますので、西洋の悪質なイデオロギーから日本を守りましょう。

❀自分のことが大好きな子供を育てよう

モーガン　もう一つ、子供がおかしな思想に毒されない環境をつくることも大事です。理想は都会を離れ、地方に行くことです。さらに言えば、スマホは海に投げ捨てていただきたい（笑）。スマホを子供に見せるのは、子供に毒を飲ませるようなものです。

アメリカの子供の一部は8歳か9歳ぐらいで、もうポルノ動画を見ているという調査報告もあります。平均年齢で言えば、12歳になると、アメリカの子供はもう、ポルノを見たことがあるという調査もあります。それはもちろん、ネット上で見るのです。だから絶対にスマホを与えてはいけない。

我那覇　娘さんが元トランスのエリン・フライデーさんも「スマホは絶対に使わせないで」と言っていました。そして「子供が何に接しているか、親は全部把握しておく必要がある。パスワードも全部、教えさせなさい。そうでないと秘密裏に子供が何かされるかもしれない」と。

ただ、そうなるとあまりに監視が厳しく、やりすぎのようにも感じます。

モーガン　いいじゃないですか。我那覇さんのお父さんは、本当に理想的な父親だと思います。「大切な娘を守りたい」という思いで、教師やテレビの害毒から遠ざけた。

我那覇　父には感謝することばかりです。私は中学3年生まで、ずっとおかっぱ頭にさせられていました。それがずっと嫌でしたが、あるとき父が、なぜこんなに厳しくするかを説明してくれたんです。それが非常に納得のいくもので、おかっぱ頭を受け入れられるようになりました。

モーガン　どんな説明ですか。

我那覇　いずれ成長して一人立ちしたら、父親が一緒にいて守ってやるわけにはいかない。でもいまのうちに一生懸命教えて、心の中に父親の教えがあれば、一人になっても自分を守ることができる。そのために、いま一生懸命教えているんだよと。

だから心の中に家族の教えがあれば、大人になっても自分で自分を統治できると思うのです。それが究極的には、LGBT活動家から子供を守ることにもなる。

なかでも一番大事なのは、自分を嫌いになるような子供でなく、自分のことを大好きになる子供にすることです。フライデーさんも「子供に毎日、『あなたは本当に素晴しい』『あなたは大事な娘や息子である』と伝え、子供たちの存在を褒めてあげてください」と言っていました。

みんなで大事に育てていきましょうというのが、一番実践的な方法ではないでしょうか。

モーガン　そう思います。とくにお母さんがポイントです。

我那覇　そうですね。

おわりに

２０２１年、「リア・トマス」ことのウィリアム・トマスという男性がペンシルベニア大学の女子水泳チームで女子選手として活躍し始めました。２０２３年夏になると、トマスは米国内テロ組織アンティファのサポーターであると宣言をしました。これに対し、トマスなどの男性が女性スポーツを壊していると、女性の権利を保護する女子水泳選手ライリー・ゲインズが大学などで演説をしました。すると、ある大学生が彼女に対して暴力を振るい、彼女の命が危なくなっています。

またイギリスや米国などでは、いわゆるトランスジェンダー乳房切除手術が爆発的に急増していて、12歳、13歳くらいの子供の健康な乳房が、「医者」にトランスジェンダー治療の一環として切り離されています。

一方で、プランド・ペアレントフッドという大手中絶ビジネスのチェーンはアメリカにおいて、30分だけの面談の後、未成年にホルモンなどの処方箋を提供しています。セイント・ルイスにあるワシントン大学医学大学院は、子供に対しての思春期ブロッカーの治療を推進しています。

さらに、バージニア州のミシェル・ブレアーさんがアポマットクス郡教育委員会などに訴訟を起こしています。彼女の訴訟によると、娘セージさんがトランスジェンダーだと促され、結果としてセージさんは人身売買されて、売春婦にさせられたのです。

同様にバージニア州のラウドン郡のスコット・スミスさんは、15歳の娘が学校で「トランスジェンダー」と自称する男性生徒に強姦されました。学校は犯罪を隠蔽し、学校委員会に対して訴えたスミスさんは警察に逮捕されてしまったのです。

このようなニュースがアメリカなど西洋社会で続出する中、世界の一部が常軌を逸しているのではないかと考えている日本人は多くいるでしょう。アメリカ出身の私は「はい、そうです」と答えるしかありません。私の国も含めて、西洋社会はトランスジェンダー、LGBTイデオロギーなどで完全におかしくなっています。

そして、アメリカの「同盟国」として安全保障をワシントンに丸投げして任せている日本にも、そのイデオロギーが流れてきています。日本の自称エリートは、相変わらずアメリカの度を越したリベラル勢力と協力して、日本人、とりわけ日本の子供に対して計りかねないダメージをもたらそうとしています。

この本を読んで下さった方々には、その説明はもう、必要ないかと思いますが、日本の子供が、日本の「同盟国」とそれに仕えている日本の自称エリートによって、非常に深刻な危険に晒されているのです。

この本の中では、LGBTイデオロギーの深層や暗黒を暴露しました。が、同時に私は、日本の美しい文化や伝統が甦ることを待ち望んでいて、日本人の和魂や美的センスなどの復興を応援します。

ただ残念ながら、LGBTイデオロギーはもうすでに日本に入ってしまって、それが日本国内で暴れているのです。そして日本の自称エリート、政治家などがそのイデオロギーを猛烈に推しています。が、希望の光として、日本国内ではその連中と戦っている人々がたくさんいますし、その数が増えています。日本人が日本人の伝統的な価値観に還れば還るほど、LGBTという猛毒なイデオロギーとの戦いが、いい結果に向かうでしょう。

日本は西洋社会ではありません。西洋の二の舞を演じなくても済みます。今、お手に持っているこの本を通して一番伝えたいメッセージは、私の狂った国、アメリカを真似しないでほしい。日本人として、日本の社会、特に日本の子供のために、戦う時は今、この瞬間だ、とのことです。

私たちは一緒に戦います。

2023年10月

ジェイソン・モーガン

〔著者略歴〕

ジェイソン・モーガン

1977年、アメリカ合衆国ルイジアナ州生まれ。テネシー大学チャタヌーガ校で歴史学を専攻後、名古屋外国語大学、名古屋大学大学院、中国昆明市の雲南大学に留学。その後、ハワイ大学の大学院で、東アジア学、特に中国史を専門に研究。2014~2015年、フルブライト研究者として早稲田大学法務研究科で研究。2016年、ウィスコンシン大学で博士号を取得。一般社団法人日本戦略研究フォーラム上席研究員を経て、2020年4月より麗澤大学国際学部准教授。著書に『リベラルに支配されたアメリカの末路』（ワニブックス）、『アメリカン・バカデミズム』（育鵬社）、『バチカンの狂気』（ビジネス社）、『日本が好きだから言わせてもらいます』（モラロジー道徳教育財団）などがある。

我那覇真子（がなは・まさこ）

1989年沖縄県生まれ。早稲田大学卒、フリージャーナリスト、予備自衛官。「琉球新報、沖縄タイムスを正す県民・国民の会」代表運営委員、参政党外部アドバイザー。著書に『日本を守る沖縄の戦い－日本のジャンヌダルクかく語りき』（アイバス出版）、翻訳書に『ブラックアウト－アメリカ黒人による、“民主党の新たな奴隷農場”からの独立宣言』Candace Owens著（方丈社）がある。
YouTube「我那覇真子チャンネル」はチャンネル登録者数26万人。

編集協力：今井順子

LGBTの語られざるリアル

2023年 12月1日　第1版発行

著　者　ジェイソン・モーガン　我那覇真子
発行人　唐津　隆
発行所　株式会社ビジネス社
〒162-0805　東京都新宿区矢来町114番地　神楽坂高橋ビル5階
電　話　03(5227)1602（代表）
FAX　03(5227)1603
https://www.business-sha.co.jp

印刷・製本　株式会社光邦
カバーデザイン　齋藤 稔（株式会社ジーラム）
本文組版　有限会社メディアネット
営業担当　山口健志
編集担当　中澤直樹

ISBN978-4-8284-2575-7